ちくま文庫

本は読めないものだから心配するな

管啓次郎

筑摩書房

目次

本は読めないものだから心配するな

Reading two pages apiece of seven books every night, eh?
—James Joyce, *Ulysses*

Qu'importe qu'il y ait eu quelqu'un pour écrire, et quelqu'un pour lire? Au fond, très au fond, ils sont le même, et ils l'ont toujours su.
—J.M.G. Le Clézio, *Terra amata*

本は読めないものだから心配するな。あらゆる読書論の真実は、これにつきるんじゃないだろうか。

少年よ君はすぐ歳をとる、ごくわずかな間と思える光と影のうつろいも軽んじてはいけない、と古人は教えたが、人生はたしかに異常に短く、技芸の道は長い。ぼくも人の世の森のなかばに達したが、無知はいまも圧倒的につづく。世界にありうるすべての知はもとより、ひとりの人間だってせめてこのくらいの実用的知識は身につけられるはずだという予測的蜃気楼すら、茫洋とした地平線に浮かぶだけ。あそこまでは行けるんじゃないかという空間中の一点すら、まだまだグランド・キャニオンの谷底からはるか上方へとそびえたつ豪壮な断崖を見上げるようなもの。あたりまえだ、すべての人間は根本的に無知であり、どの二人をとっても共有する知識よりは共有する無知のほうが比較を絶して大きいのだから。でもその無知に抵抗して、願わくは花粉を集める蜜蜂、巣をはる蜘蛛、ダムを作るビーバーのような勤勉さで、人は本を読む。

私と世界、といった比べものにならないものをむすぶ「と」の使い方はニーチェを大笑いさせたが、もちろんぼくは「私」を「世界」に（少なくとも文法的に対等なものとして）対峙させるような、ドン・キホーテ的学識をめざしているわけではない。ただ、ひたすら海をめざして砂浜をはう海亀の赤ちゃんのように、海の明るみに飛びこみ、波に翻弄されつつ海流に乗り、遠い未知の大洋を自由に遍歴することを願うだけだ。その大洋の感触との関係に立って、何かをつかみ、しっかりと考え、的確に行動する。その「何か」が何なのかは、わからない。それはたぶん事後的にふりかえったときにしか、わからないものなのだろう。わからないなりに、その何かへの期待があるからこそ、本を読む。こうして見ると、ぼくはきわめて偏狭な、読書の実用論者だ。ただ楽しいからおもしろいから気持ちがいいから本を読み時を忘れ物語に没入するということは、ぼくにはまるでない。未来において「何か」の役にたつと思うから、読むのだ。「贅沢な読書」や「文学の楽しみ」といった考えほど、ぼくに無縁のものはない。第一、読書は贅沢よりははるかに窮乏の原因であり、楽しみよりははるかにひどい苦痛をもたらす。

読書とは、一種の時間の循環装置だともいえるだろう。それは過去のために現在を投資し、未来へと関係づけるための行為だ。過去の痕跡をたどりその秘密をあばき、見いだされた謎により変容を強いられた世界の密林に、新たな未来の道を切り拓いてゆくための行為。時間はこうしてぐるぐるまわり、自分はどんどん自分ではなくなってゆく。そこでもっともあからさまに問われる能力は、結局、記憶力だということになる。記憶力とは、流れをひきおこす力だ。過去が呼びだされ、その場に現在するテクストを通過して、ものすごい速さで予測される未来のどこかへと送りこまれてゆく。この加速力こそ読書の内実であり、読書の戦略とはさまざまな異質な過去を、自分だけではなく無数の人々が体験しその痕跡を言語によってなぞってきた過去を、どのようにこの加速の機構をつうじてひとつに合流させてゆくかということにほかならない。そしてこの流れだけが想念に力を与え、自分だけでなく「われわれ」の集合的な未来を、実際にデザインしてゆく。

ところが、ああ、われわれの記憶力ほどあてにならないものもない。読書という、記憶がすべてである領域でさえ、その土台は鯰の背に乗ったようにぐらぐらと揺れてやまない。すぐれたフランス文学者で、大江健三郎の師匠だった渡辺一夫は、次のような楽しくも憂鬱な思い出を記している。フランス文学と一口にいっても、時代は数世紀にわたり、分野も傾向も文体も趣向もさまざまだ。ただひとりでも巨大な祝祭劇場であるラブレーを中心とするフランス・ルネサンスを専門とする渡辺の場合、その専門分野の読書はいろいろな参考資料を調べ調べ数時間をついやしてようやく五、六行すすむといった、まるでナマケモノの移動を思わせる緩慢なものとなる。そしてもちろん、外見の動きがどれほど緩慢だろうと、内面では思考の曲芸がくるくると続いているわけだ（そうでなければ何も読めない）。

さて、ある日のこと、先生は朝から古いフランス本を開いて、あるページをじっと見つめている。まるで進まないので、今日はこのページと討死（うちじに）することになる、と覚悟を決めながら。本には注がいっぱいあり、その中にラテン文の引用がある。それがわからないと本文の意味も、なんだかよくわからない。ところが先生は、あまりラテン語が得意ではないのだ。同僚の専門家にたずねるにせよ、電話でたずねるには文が長すぎる。仕方ないから明日学校でうかがおうと、その文を紙に書きとってみる。この一件は、これでいちおう棚上げ。しばらく油を売ってから、ともかく先にすすむことにする。二行ばかりすすむと、「A氏著B第C頁参照」という注がついている。この注自体にはあまり意味があるとも思えない。よく似た用例をあげてある程度だろうと見当をつけるのだが、ちょうどそのBという本を手元にもっているので、ともかくも

指定された頁を開いてみると、全然、該当箇所がない。何たる註だろうと思って憤慨しているうちに、ふと気がついたことは、初め用語上の問題だけだと思っていたのが見当違いであり、文章の意味内容の説明とも関係があるかもしれないと

いうことだった。そこで、Bという本を二、三頁前から読み始め、指定された頁をすぎ、次の頁を開くと、そこには、K教授に質問しようと思って、別紙へ書きつけたラテン語文がちゃんと出ているし、何たることであろうか、いつ書きこんだものか判らぬが、僕の筆跡で、そのフランス語訳が余白に鉛筆で記されていたのである。僕の心臓は、若々しく高鳴り、文字通り、貪るようにして、昔書きこんだ訳を読んだ。すると、前に棚上げをして通過した箇所も何とか判るようになり、全く霧がはれたような、奥歯にはさまっていたものがとれたような、すがすがしい気持になった。しかし、仮綴じがこわれかけたBという本を撫でながら、「己は昔この本から、一体何を読みとっていたのであろうか？」と自分に問いかけざるを得なかった。昔読んだことを全く忘れているのである。読まないのと全く同じ結果になっているのである。

（渡辺一夫「本を読みながら」、『狂気について』所収、岩波文庫、一九九三年）

思わず、こっちも顔がほころぶ。読んだ本の大部分が読まないのとまったくおなじ結果になっているのは、ぼくもおなじだ（ぼくが読んだ本はせいぜい先生の数十分の一だろうが）。一九五五年執筆というから当時五十四、五歳だった碩学（せきがく）は、この挿話から「読書＝フィルム現像説」へと彼の「雑文」を展開させる。本が現像液で、感光したフィルムである読者はそれに浸されてそのときどき、その年齢ごとに読者自身がもつ影像を浮かび上がらせるにすぎない、という説だ。おなじ本でも読むごとに、読めるものがちがう。それなら一冊の本でも、自分が変わり成熟（?）すればするほど永遠に新しく読めるはずだ、という理想の境地も、論理的必然として予想できる（もっともおなじ本の全体をべったりと二十回も三十回も読む人はその本の専門の研究者でもなければいないだろうし、文学研究者の看板を掲げている人でもそんなふうに徹底して読む本が五冊あればそれこそ職業的幸福というものだろう。それに世の中には『フィネガンズ・ウェイク』のように、まだだれも読み終えていない本だってある）。われわれの大部分はただ霧の森をさまよい、おなじ樹木に何度も出会いながらひどいときにはそうと気づきもせずに通り過ぎ、おなじ草を何度も踏んではかたわらに生えるおなじキノコにぼんやり目をとめるだけで、疲労をためていく。読書の道は遠い。

ヴァルター・ベンヤミンは、いつのころからか、自分が読んだ本に通し番号をつけていた（ということをどこかで読んだ）。本に関してはマニアックなやつだったので、潔癖にも読みもしない本に番号をつけるようなまねはしなかった（と書いてあったような気がする）。その番号は彼の死にいたるまで着実にふえてゆき、たしか千七百冊とか、そのへんの数字になっていた（まったく断言できないが）。まだ学部学生のころの話だが、その数をなんだそんなものかと思ったことを覚えている。というのもレヴィ

＝ストロースが一冊の本を書くためには七千冊の本に目をとおすとこれはどこかのインタヴューでいっていたのを覚えていたからで、この数の差は端的にいって文芸批評家と人類学者がおなじ「本を読む」という表現でどれほど異なった事態をさしているかの証言になるとそのとき思った。ぼくも長いあいだ、本は表紙から裏表紙まで読むもの読みたいものと考えて、その考えが災いして結局大部分の本は背表紙しか読まない結果に終わるのがつねだった。何かがまちがっている。ぼくは考えを変えることにした。本に「冊」という単位はない。あらゆる本はあらゆる本へと、あらゆるページはあらゆるページへと、瞬時のうちに連結されてはまた離れることをくりかえしている。一冊一冊の本が番号をふられて書棚におさまってゆくようすは、銀行の窓口に辛抱強く並ぶ顧客たちを思わせる。そうではなく、整列をくずし、本たちを街路に出し、そこでリズミカルに踊らせ、あるいは暴動を起こし、ついにはそのまま連れだって深い森や荒野の未踏の地帯へとむかわせなくてはならないのだ。ヒトではじまりレミングの群れとなり狼の群れとなって終わる。あるいは、終わらない。どこまでもゆく。そんなふうに連係的・運動的に、さまざまな本から逃げだしたいろんな顔つきのページたちを組織する。そして読み、読みつつ走り、走りつつ転身する。それが「テクスト」であり、時間の経過の中ではじめて編み上げられてゆく「テクスト」という概念は、もともと運動的なものだ。構造主義・記号論以降に学生生活をはじめたというのに（ぼくが大学に入ったのは一九七七年）、「冊」という単位、書物の擬人化に、鋭敏さを徹底して欠くぼくは、あまりに長く囚われていた。

本に「冊」という単位はない。とりあえず、これを読書の原則の第一条とする。本は物質的に完結したふりをしているが、だまされるな。ぼくらが読みうるものはテクストだけであり、テクストとは一定の流れであり、流れからは泡が現れては消え、さまざまな夾雑物（きょうざつぶつ）が沈んでゆく。本を読んで忘れるのはあたりまえなのだ。本とはいわばテクストの流れがぶつかる岩や石か砂か樹の枝や落ち葉や草の岸辺だ。流れは方向を変え、かすかに新たな成分を得る。問題なのはそのような複数のテクスチュアルな流れの合成であるきみ自身の生が、どんな反響を発し、どこにむかうかということにつきる。読むことと書くことと生きることはひとつ。それが読書の実用論だ。そしていつか満月の夜、不眠と焦燥に苦しむきみが本を読めないこと読んでも何も残らないことを嘆くはめになったら、このことばを思いだしてくれ。

本は読めないものだから心配するな。

「猿子眠（さるこねむり）」の日々。立てた両膝をかかえこんで、そのまま背を丸め体を小さくして眠るのが猿子眠。もともと修行中の山伏の睡眠法だそうだ。こうすれば夜がどんなに冷えこんでも絶対に風邪をひかない、らしい。それを聞いて冬のある一夜、ぼくも自分の部屋でやってみた。寒い部屋の片隅の柱を背に、昼間の洋服を着たまま膝をかかえこんで、羊を数えだす。疲れていたので、すぐ眠りこんだ。眠りながら、温泉をめざして歩いてゆく青森県の雪猿たちの夢を見ていた。夜半、あまりの寒さに気がつくと、いつのまにかぼくの猿子眠はほどけ、床の上にごろんと横になっているのだ。これでは何にもならない、修行が足りない。おかげで翌日は一日中、鼻をすすり上げていなくてはならなかった。でもこんど旅行に出て、そうすることが必要になったときには、空港でも駅でもその他のどんな場所でも、ぼくは猿子眠を思いだし、それを実践することができるだろう。

この眠り方のことは、宮本常一の本に教わった。一九四五年、敗戦後の秋深く、当時大阪府嘱託だった三十代後半の宮本は、戦災ですべてを失って北海道の原野開拓のために移住することになった「帰農隊」とともに、北海道にわたる。政府の机上のプランに沿って人々は送りだされたものの、いざ行ってみれば現地では受入れ態勢などまるで整っていない。自分はこの人たちを見捨ててゆくのだという後ろめたい思いにかられながら帰途についた男は、食べ物もないまま、函館駅で猿子眠をつづけて、船を待つ。強制徴用されて炭鉱で働かされていたのが日本の敗戦とともに解放された朝鮮半島出身の労働者や、入植に失敗して命からがら本土へとひきあげてゆく人々とともに、焚き火に暖を求めながら待つこと三日。ついで青森からは、窓硝子（まどがらす）の破れた各駅停車の列車で上野まで二日。苦しい旅路を水だけで六日間しのいで、男はようやく東京の渋沢敬三邸にたどりつく。たどりつき、ようやくそこでありついたご飯の上に、ボロボロと涙を落とす。

　旅から旅へ、という言葉をなんの誇張もなく当たり前のこととして生きた男が、淡々と自分のたどった道程を、問わず語りのごとくかたる。たしかにこうして生きた人がいた、というごまかしのない輝きにみちたすばらしい自伝、『民俗学の旅』（講談社学術文庫、一九九三年）の中でも、とりわけあざやかな、映画的な印象を残すエピソードだ。それでは「民俗学の旅」とは何か。それはただほとんどあてもなく出発し、歩きはじめ、人に出会えば声をかけ、話を聞くことだ。とつとつと話しかけるうちに「よい人」に出会い、誘われるままに靴をぬぎ、宿を借り、さらに話を聞き、徹底して耳をかたむけ、それをよく記憶し、こうした出会いをくりかえすうちに土地と土地をつらぬく同質性も地域と地域を隔てる異質性もそれぞれによく認識し、そこからやがてはどこにゆこうと人々は文字どおり「一所懸命」に生きているという単純な事実を、他の者たちにも明らかに見えるかたちにまとめあげてゆく。この「まとめあげ」、記述と編集の作業は、あくまでもひとりの人間の経験と心と言葉をつうじてなされなくてはならない。そうでなければ、知識が別のひとりひとりの心に、その人が生きてゆく上で本当に役に立つかたちでは、よくとどかない。ひとりの人間は、別のひとりの人間によってよく咀嚼され反芻されてきた知識を、もっともよく学ぶ。さまざまな「1」の話を宮本という「1」が聞き集め、よく考え、言葉にして語りなおし、その「1」により語られた話を、読者であるわれわれのひとりひとりが「1」として受けとめる。この1対1の人間関係に対する深い信頼が、それをささえる深い平等の感覚とともに、「民俗学」（少なくとも宮本が考え実践したようなそれ）を、匿名の科学性や客観的叙述に基礎をおこうとする学科としての「人類学」と、はっきりと分かっているのではないだろうか。

とはいえ、宮本の歩んできた旅もまた、フィールド・ワークにはちがいない。「フィールド・ワーク」という人類学の用語がいつから使われるようになったのか知らないが、それはおそらくはじめは「野良仕事」にかけた、一種の冗談として使われはじめたのではなかったかと思う。さあ、ひとつ野良仕事にゆくか、とたぶん初期の人類学者たちはだれでも、笑いながら家を出て、それぞれにただひとりで、黙々と歩いていった。この「野良仕事」という原義が、宮本の「学」にはありのままに生きている。どこにいっても自分を山口県大島の百姓ですと自己紹介し、幼時からよく体ごと身につけてきたこの郷里の農民の生活と知識を足場として、彼は他の土地に暮らす人々の生活と歴史を丹念に見ていった。それが彼の野良仕事であり、歩行が唯一の方法論だった。

十八歳、郷里を出て大阪に暮らすようになった少年は、まず郊外の郵便局員となる。「歩く人」としての彼の、そのときにはまだ何の目的ももたなかったはじまりは、次のように語られている。

> 宿直の終わった朝郵便局を出て、青く澄んだ空を見ると、宿へは帰らないでそのままどこかへいってしまうことがあった。財布に多少でも金があれば電車で郊外に出るが、金のないときは大阪市内をどこまでも歩いた。腹が減ると食パンを買ってたべた。大阪のその頃東区とよばれていた範囲の街路はほとんど歩きつくしたといってよかった。そのほかの区へも足をのばしていった。夜になると町に夜店の出るところが多かった。そういう夜店も歩いてみた。なぜそうしたのか。ただ歩くことが好きであり、働いている人の姿や顔を見るのが好きであった。堂島川や土佐堀川に沿うて歩き、さらにそのさきの安治川を川口の天保山まで歩いたこともあった。

シュルレアリストたちがパリの街路をやみくもに歩きまわっていたその正確な同時

代、あるいは宮本と同年のルネ・シャールがまだシュルレアリスムを知らずに南フランスで果物屋の丁稚をしていたころ、郷里を出てひとり西日本の中心的都会に移住した青年郵便局員は、町を歩き、人の生活を見、話を聞くことを自然に覚えた。

> 高麗橋局のすぐ北のところに天神橋があり、そこから南が松屋町筋である。この通りには駄菓子屋が多かった。大てい店先に職場を持っていて、働いている人の姿がそのまま見える。私はその店先に立って飴玉を作ったり煎餅を焼いたりするのを、長いあいだ見ていることがあった。駄菓子屋の町のさらに南は玩具屋がたくさんならんでいた。そういうものにも心をひかれた。力一ぱい働いている人の姿は私にはとても美しく見えたのである。その人たちが時に手をとめて話しかけてくれることがあった。玩具などは内職で作っているものが多く、それを商品として仕上げる仕事をこれらの店でやっているのである。店先での立ち聞きであるから、ノートはとったことがなかった。

あるいはまた、大きな橋の下に筵で小屋掛けをして集落をなして住んでいる乞食を相手にしても「歩いているうちにそうした人びとに出あい、また話をする機会を持った」。だれであれどのような生活であれ人が暮らすということには、ある確実な物質的基盤があり、秩序があり、意味がある。その懸命の営みには、見事であると思わせるものがあり、美しいと思わせるものがある。歩行には、それ自体としての目的はない。だがそれは偶然の出会いを、いくつも用意する。その偶然のつみかさねによって、「社会」という本当には捉ええない全体に対する観察と考えが深まってゆく。目的のない旅だけがもたらすことのできる、大きな認識の図柄がある。

一九六五年、五十八歳になる年に武蔵野美術大学に就職するまでの約四十年、宮本は不定時の原稿料以外には定まった収入もなく、ただ旅をつづけた。アチック・ミューゼアムのあった渋沢敬三宅では「日本一の食客」（日本一長くいる、ということ）だったし、大阪府嘱託として農業事情の講義をしていても給料も旅費ももらわない。ただ、旅をつづけた。それは人に逢う旅であったといっていい。

そして私自身はよく調査にいくとか調査するとか、調査地などといっているけれども、実は正真正銘のところ教えてもらったのである。だから話を聞く時も「一つ教えて下さい。この土地のことについては（あるいはこの事柄については）私は全く素人なのですから、小学生に話すようなつもりで教えて下さい」と言って話を聞くのが普通であった。／私はその話が納得のできるものであれば他へもいって披露した。それが私のように旅をする者の役目だと考えた。

この旅の心得を、それでは宮本はどこで学んだのか。

エジプトの小さな伝統的な村を調査したインド人の人類学者アミタヴ・ゴッシュは、調査をめぐる自伝的エセー「イマームとインド人」(Granta, no.20)に、ある驚きを記している。一見、はるかな昔から時間が止まったかのように見えるナイル川デルタ地帯の農村。ところが停滞か静止を絵に描いたようなその村の住民たちと知り合うと、かれらは信じられないほどさまざまな土地を経験してきた人々なのだ。村の男たちには、ペルシャ湾岸の首長国に出稼ぎにいった者もいれば、リビアやヨルダンやシリアにいった者もいる。兵士としてイエメンにいったことのある者もいれば、巡礼でサウジ・アラビアを知っている者もいるし、ヨーロッパを旅した人間も少しはいる。分厚いパスポートにぎっしりとスタンプを押されている者はいくらでもいる。そしてそれは最近の現象ではない。戦争で、仕事で、気まぐれで、かれらの祖父たちも、さらなる祖先たちも、今日の目から見ても広範な地域にわたる土地を知ってきた。その刻印は、村人たちの姓に、まぎれもなく残されている。レヴァント地方やトルコの都市、あるいはヌビアの町々の名を、人は名乗る。それはかれらの旅の証明であり、さまざまな土地の名がこの小さな村に、どんな機縁によってか集結しているのだ。

われわれはときとして「遊牧民/農耕民」といったひどく単純な図式で人々を捉え、

前者は絶えず移動し、後者はひとつの土地しか知らないと考えることがある。だがもちろん、これはまちがっている。土を耕しひとつの土地に生きた人々も、よく話を聞くなら意外なほどよく他の土地を知っているものだ。旅がそれを教えた。宮本に旅の心得を手ほどきしたのは、若いころフィジーに出稼ぎにゆき、出稼ぎには失敗したもののバナナの苗を持って帰った父親だった。小学校の高等科を終えた常一が、素手で、何のあてもないままに大阪に出ることになったとき、貧しい父はいくつかの注意を与えた。汽車に乗ったら窓から外をよく見よ。田畑や村のようす、人々の服装をよく見よ。そうすればその土地が富んでいるか貧しいか、よく働くところかそうでないかがわかる。新しい土地にいったら、必ず高いところに上がってみよ。そして山の上で目をひいたものがあったら、そこへは必ずいってみることだ。金があったら、その土地の名物や料理は食べておくのがよい。そうすればその土地の暮らしの高さがわかる。時間のゆとりがあったら、できるだけ歩いてみることだ。いろいろのことを教えられる。人の見のこしたものを見るようにせよ。その中にいつも大事なものがあるはずだ。あせることはない。自分のえらんだ道をしっかり歩いていくことだ。

そしてこれらの心得こそ、父親がみずからの無目的な一人旅によって身につけてきたことだったのだ。秋、早めに仕事を終えた父親は、手足を洗い、他所(よそ)ゆきの着物に着替え、古びた中折帽をかぶって、「ちょっと出てくるから」と行き先も告げずに家を出る。三里ほど離れた港に着く船に乗るのが、下りは午後八時か九時、上りは夜中の二時か三時。それに乗って男は島を離れ、西は宮崎、東は日光まで、その日その場での思いつきの旅を重ねていった。そんな無名の村人たちの漂泊の気風を語る次の驚嘆すべき一節については、やはり原文をそのまま抜き書きするにこしたことはないだろう。

一日の仕事を終えて戻ってきて夕飯までの一ときを男たちは家の裏の海に面した石垣の上に上って海を見る。どの家の男もそうしている。男たちは互いに声をかけあって話す。かなりはなれていても静かだから声はよくきこえる。／そんなとき男たちの意見が一致して小さな漁船へ乗って沖へ漕ぎ出していったことがある。夕飯時になっても亭主の姿が見えぬ。隣家へいってみるとそこでも亭主がいなくなっている。そういう家が四、五軒あって、どうしたのだろうとさわぎになったが、船で沖へ漕ぎ出しているのを見た人があったので、「さては月はあるし、海が凪いでいるので、宮島へでも参ったのであろう」と話しあった。ところが翌日になっても翌々日になっても帰ってこない。そろそろまた心配していると一週間あまりして帰ってきた。聞けば、海は凪いでいるし、夜はよい月夜のはずだから宮島へ参ろうということになって家族の者には内緒で船を漕ぎ出した。さて宮島へ参ると、折角ここまで来たのだから広島へゆこうということになり、広島までいくと出雲へ参ろうと話がきまって、とうとう出雲大社まで参ってきたのである。私の幼少の頃のことであったから、明治の終わり頃の話であろう。長いあいだ村の話題の一つになっていた。しかし今でも不思議に思っているのは金を一文も持っていないのにどうして飯をたべ宿をとることができたのだろうということである。

村人は、だれもが旅人だった。これもまたそのままギリシャかブラジル北東部を舞台にしても通用しそうな話で、深い感銘を与える。気まぐれな船出、楽しみ以外には何ももたらさない旅路だ。お金をもたない旅人がだれでもひょいと訪れて泊まってゆくことのできる「善根宿」については、自分の家がまたそのようなものであったことを、母親をめぐる章で宮本は記している。旅の借りは旅人に返すという、暗黙の前提が共有されていることの美しさだ。そして、ぼくは思うのだが、すべてがどうしようもなく金銭化されているような現代世界にあっても、その前提はじつはまだまだ意外なほど広く、文化も言語も国境も超えて、よく共有されているのではないか。それは人間が、表面的にはどれほど静止しひとつの場にしばりつけられているように見えようとも、いつもそうして旅をくりかえしながら生きてきたということの証明になりうるのではないか。

「歩く」ことを生き方の根本にすえた宮本が、のちに「猿まわし」に強い関心を寄せるようになったあたりで、この自伝は終わる。直立歩行を覚えた猿の何頭かを野生猿の社会に戻したらどうなるか、という問題提起は、一見突飛なようだが、じつは宮本の生涯の実践にまっすぐにつらなるものだといっていいだろう。歩行とは、そのまま人類史の問題なのだ。もしわれわれのだれもが日常生活の中で毎日少なくとも20キロから30キロの距離を歩くことを基本として社会のあらゆる成り立ちが見直されたなら、物質的にも精神的にも、現代のいかに多くの問題が解決されることだろう。われわれは、思想をかけて、歩かなくてはならない。かといって、別に気負う必要もない。無用の歩行、気まぐれな小さな旅を、少しずつ、しかし確実に、自分の暮らしの中にとりもどすことにしよう。そのときふと考えはじめる何かが、ぼくらに思いがけない道を、つねに新しくさししめしてくれるにちがいない。

書店という共和国。ただひとつ、確実にいえることがある。すべての書店は、互いにつながっているということだ。店の大きさ、場所、伝統、並べられた本の分野や価格、それらの本が書かれた言語、新刊か古書かの違いすら、問う必要はない。ひとつの本屋の棚をずっと、近視の蟹のようにきょろきょろと視線をさまよわせながら横歩きしてゆくうちに、いつのまにかきみは別の本屋にまぎれこみ、でも誰も気にもとめない。

「本は天下の回りもの」という植草甚一さんの名文句は、ぼくが人生の初期に出会った数少ない真理のひとつだが、まさに本こそはその本性上 res publica つまり「共有物」であり、世界のすべての書店がかたちづくる緊密で同時に拡散したネットワークこそ、地球規模ですでに実現されたふたつの「共和国」republic のうちのひとつなのだと、ぼくは思う。そのことを話しておこう。

植草さんの言葉の下敷きになっていたのは、もちろん「金は天下の回りもの」というありふれた世間知だ。ただし、このオリジナルの言葉のほうは、それだけでは正しくない。この言葉を惑星全体において成り立たせているのはアメリカ・ドルという通貨であり、冷戦後の地球社会では、ドルをもっていって交換を拒否される国・地域は、まずない（破れたりすりきれたりさえしていなければ）。この事態をもって、統一的な世界市場の成立の指標と見てもいいだろう。そこではドルを「共有物」とするシステムが、さまざまな国家や地域を内部に組みこみ、物や人や情報の流通を、つねに価格に換算しつつ作りだしている。これが第一のグローバルな「共和国」だ。お金の共和国。

効率よく利潤を上げることを最大の目的として動く貨幣の「共和国」に対して、すべての書物を「共有物」とする第二の「共和国」は、反響と共鳴と類推を原理として、いたるところで新たな連結を作りだしてゆく。そこでは効率や利潤といった言葉は、口にすることすら恥ずかしい。人々は好んで効率の悪さ、むだな努力、実利につながらない小さな消費と盛大な時間の投資をくりかえし、くりかえしつついつのまにか世界という全体を想像し、自分の生活や、社会の流れや、自然史に対する態度を、変えようと試みはじめる。きみもすでにそこに属しているに違いない書店の共和派は、たったひとりの日々の反乱、孤独な永久革命を、無言のうちに誓っているのだ。ただ本屋を訪ねつづけることが、彼／女の唯一の方法論であり、偶然の出会いが、彼／女のための唯一の報償であり、それによってもたらされるわくわくする覚醒感と知識の小さな連鎖的爆発が、彼／女の原動力だ。

そして書店の「共和国」は、ドルを参照枠とするお金の「共和国」に、対抗する。反乱を宣告する。この理由も、また明らかだ。後者が全地球的規模のひとつの「システム」であるのに対して、前者は各地の新刊書店、古書店、学校図書館、地域の図書館、個人個人の蔵書などと突発的に無限につながりつつ、あくまでも不可算の「反システム」でありつづけるから。世界を単純にまとめようとする力と、世界を分散させ見出された複雑さにおいて知ろうとする力は、水と油よりも相容れない。

たしかに書店は、ある程度まで商業の論理にしたがい、システムの一部をなすだろう。けれども本という物体には、どこか動物じみたところがある。それは生まれ、飼い馴らされ、売買されることがあっても、どこか得体の知れないところ、人の裏をかくところ、隠された爪や牙、みなぎる野性がある。そんな本という物体の流通の場をなす書店の「共和国」が、だから森林や平原や沙漠や海岸に似ているのは、あたりまえだ。本をあてどなく探すという行為がしばしば狩猟にたとえられることも、頷ける。あとは、そうした本の（途方もない集合として見られた書物の）手のつけられない本性、脈打つ根塊にひそむ創造への無数の芽吹きを、よく感じとりそれに対応することが、個々の書店におけるローカルなミニ気候を決定することになるだろう。その気候を、気概と呼んでもいい。

こうしてぼくにとって、世界のすべての書店はおなじひとつの書店の一部であり、ぼくはどんな本屋にでも行く。お金があれば買うし、なければ買わない。いずれにしても、読む。ときには長い時間を過ごす。シアトルのエリオット・ベイ、アルバカーキのリヴィング・バッチ、トゥーソンのザ・ブックマーク、ホノルルのホノルル・ブックショップ、あるいはサンパウロのブラジリエンセ。いまは遠く離れていても、どこのどの書棚からでも必ずたどれるそれらの書店は、ぼくという小さなやどり木に成長を許してくれた、ゆたかで気前のいい巨大な樹木たちだった。

はじめての旅について。

はじめは気の迷いかもしれない。ふと、気持ちに忍びこむ、狂った風のささやきかもしれない。通い慣れた道をはずれて、別の道をゆけ、と風がいう。決まった町はずれを越えて、見知らぬ野原に出てゆけ、と雲がいう。人がひとり歩きをはじめるのが、平均的にいって小学校に入る六歳のころだとして、それ以後の成長の過程でそんなふうに気まぐれな内面の誘いに乗って、どこかへとはみだしていったという経験のない人は、いないだろう。それがひとりになるということ、自分になるということだった。昨日まで知っていた境界を、まるで理由もなくただ越えてみることが。見覚えのない風景の、無数の目によって見られるということが。

よくひとりで自転車に乗った。年齢がまだ一桁のころ。民家のつづく一帯をすぎれば、水田や畑がひろがった。その先には大型トラックのゆきかう危険な県道があり、それをわたれば巨大な団地があった。そこはもう隣の小学校の学区だ。そこから河の堤防に出れば、吹きさらしの埃っぽい春風の中を、どこまでも走ってゆくことができた。遠い山並も、都会のビルの森も、よく見えた。口笛を吹きたいような心のままに、遠くへ、遠くへ走ってゆこうとした。でも、遠くまでゆけば、いずれは心細くなる。

その細さが鉛筆の先のように尖ってくると、急にペダルを踏む足がすくみ、大急ぎで引き返すのだった。夕方のあざやかな光の中で、得体の知れない何かが追ってくるような気がし、たしかに何か怪物じみたものが後を追ってきたのだ。その怪物が自分とおなじ顔をしていることは、そのころはまだ、思ってもみなかった。

「自分」は関係の中に生まれる。選ぶことのできない場所に生まれる。でも自分は、いつまでもおなじところにはいない。いて、たまるもんか！　動いては関係を踏みはずし、はずしては関係を組み換え、自分を作り替えてゆく。新しい風景との出合いが、新しい自分という面を削る。昨日の私は今日の私にとっては他人、そして明日の私にとってのなつかしい道連れだ。

「私はけっしているのではない、私はなりゆく」（Je ne suis jamais, je deviens）と、二十世紀フランス文学最大の巨人のひとりアンドレ・ジッドはいった。二十世紀がまるで十九世紀みたいに見えてきた今日、紙に記されて流通する文章という形態が意識にとって二次的な重要性しかもたないものと考えられがちな今日、ぼくはともかくきみとのあいだに、次の原則を確認しておきたいと思う。まず、「なりゆく」私は必ず、それまでとはちがった場所にむすびつくことによって「なりゆく」のだということ。そして異なった場所とのむすびつきは、必ず痕跡を残し、あとにつづく者たちにとっての手がかりとしての痕跡は、紙に書かれようが書かれまいが「文」としてのみ、そこにとどまりゆくのだということ。

言い換えてみようか。

1　現実の道は、誰がどこまで歩いていってもいい。

2　歩かれた道は、現実の道から経験の道に転化する。

3　ひとりの経験の道は、文の道（言葉に捉えなおされた道）としてのみ、この世界にとどまってゆく。

4　文の道は錯綜し、からみあい、無限につづき、それは誰がどこまで歩いていってもいい。

この生涯におけるぼくの最終的なモットー、それは「すべての道はどこかに通じる」というものだ。すべての曲り角がひとつの新しいはじまりであり、はじまりは無数にある。生きているかぎり、はじまりは無限にくりかえされる。そのくりかえしのどの先にも、新しい、知らない風景がひろがっている。

本当に最初の旅、というものは、おそらくないのかもしれない。たぶん誰も、それを覚えてはいない。あらゆる旅は、旅の名に値するものであるかぎり、そのつど最初の旅なのだと呼んでもかまわない。それがたしかに未知を踏むものであり、世界を新しく読むものであるなら。したがってはじめての旅は、きみが六歳でも六十歳でも、おなじように起こりうる。紀行文＝旅行記について考えるときにも、それはおなじだ。あらゆる旅行記において、それが旅行記の名に値するものなら（できあいのイメージをなぞるだけではなく確実な発見と衝突を記憶に定着させようとするものであるなら）、そこに表われるのはたしかに「はじめての旅」にちがいないのだ。ありきたりな旅の中にすら「はじめての旅」を発見することから、旅行記はその力と価値を汲みあげてくる。

交通と衝突、侵略と破壊の二十世紀、「人類学」と呼ばれる分野およびその周辺にいた旅人たちの旅行記を、ぼくは愛読してきた。なかでも強い衝撃をうけたのが、ミシェル・レリスの『幻のアフリカ』（岡谷＋田中＋高橋訳、河出書房新社）とクロード・レヴィ＝ストロースの『悲しき熱帯』（川田順造訳、中央公論新社）だ。一九三〇年代、フランス民族学の最初の本格的アフリカ調査隊に加わったシュルレアリストの詩人は、全方位をうめつくす異質な事物の中にあって、異邦にいるヨーロッパ人としての自分を徹底的に暴きだし、それを克明な長い長い日記にしるす。これも一九三〇年代、社会学の教授となるためにブラジルにわたった若い哲学者は、この「新世界」の先住民の宇宙に出会い、みずからが民族学者となる過程とヨーロッパ文明の根源的な悪をめぐる省察を、現実の体験の二十年後、流麗な回想として書いた。いずれも私を問い、私が出会った風景にたずね、私が所属する社会を容赦なく批判する。いずれもが、たしかに、かれらにとっての「はじめての旅」を構成する、すでに無数の糸からなる複数の旅を、「文」によって捉えなおそうとするものだった。

この二冊は、すばらしい。きみが旅を考えようとするなら、一度は手にとってみてほしい。でもここでは、もっとずっと身近な場所にいったん帰ることにして、ある小さな本について、語ってみようと思う。浮谷東次郎（うきやとうじろう）という中学生の手記、『がむしゃら1500キロ』（ちくま文庫）がそれだ。もっともプリミティヴな「はじめての旅」の姿をそのままに「文」の旅へと移した、比類なく感動的な一冊だ。

一九五七年、夏。中学最後の夏休みに「一つ大きな旅行をしてみよう」と思った少年は、ドイツ製50cc、二・五馬力のオートバイ、クライドラーで、ひたすら東海道を走り大阪をめざすことを決意する。当初の予定は四泊。それは結局、七泊八日の本格的な一人旅となった。十四歳の誕生日に買ってもらい、その日のうちに免許をとって以来、何度となく箱根を走り、遠くは富士五湖や軽井沢までも走りまわってきた愛車だが、まだジャリ道も残る東海道を走破するとなると、どうなるかはわからない。「この旅行の成功の是非がかかっている愛車クライドラーを、そっとガレージから引き出した。スタンドをかける。こうしてじっと車を見る時、車への信頼感がムラムラと湧いてきた。この車をこれほど可愛く思った事は一度もなかった。」後にプロのレーサーとなり、二十三歳で鈴鹿サーキットでの練習中に事故死する東次郎のことは、ぼくは知らないし、知らなくてもこの本のもつ力に変わりはない。ここにいるのは十五歳になったばかりのひとりの少年で、鉄製のかわいい獣のように見える古色蒼然たるクライドラーに完全装備でまたがったその真剣な姿は、ユーモラスで、悲壮で、楽しく、人を笑わせると同時にまじめにさせる、なんともいえないものをもっている。それは添えられた写真の効果であると同時に、東次郎自身が刻むように書きつけた、つたなくも探究と冒険にみちた「文」が伝えるものにちがいなかった。

浜松に出た。市内の交差点で止まると、あまりエンジンの調子がよいので忘れていた、例のケラケラというあざけるような、エンジンの笑い声。ただの笑い声ならよいが、死ぬ一歩手前の老人の力のない、薄気味悪い笑い声だったら大変だ。この炎天下の中を走ってきただけあって、オーバーヒートも満員御礼という御繁昌。普通だったらゆっくり休んでいくか、どうかするところなのだろうが、僕のこわれる迄止めないというか、そういうがむしゃらな性質はこういうときもよく現われて「馬力も別に落ちていないのだから、浜名湖まで走ってやれ」ということになってしまった。（89ページ）

彼はひたすら前進する。風に頬をさらし、外にむかって体を全開にしながらも「クライドラー特有の、心の奥底までしみ通すような「ギィーン」というエンジンの悲鳴」のうちに孤独な内面をかたち作り、流れる風景の中を鳥のように泳ぎ、獣のように走る。人々を一瞥し、つかのまの接触のうちにかれらの生活を見抜き、「土地」を編み上げる人間と自然のかかわりをランダムに、でもしっかりと、自分自身の体の「文」に刻みつける。彼の話がつい大袈裟になるからといって、笑わないでくれ。いや、ちがう。いかにも中学生らしい心だと、大笑いしてくれ。それは自由だが、ここで東次郎が刻むような現実とのぶつかりあいの記憶を、発見の痕跡を、生活の隠された夜へと追いやりつつ、ぼくらが日ごろ回避している問いが何であるのかを、思いだすのもいいだろう。

東次郎の旅は認識の旅だ。それは観念の旅ではない。肉体の旅、実在との出会いの旅だ。飛行機乗りだったサン゠テグジュペリにのみ二十世紀「行動の文学」の傑作『人間の土地』を書くことができたように、クライドラーに乗り走りながら、その単車と接続された一種のサイボーグのように、東次郎は思い、考える。道路をゆけばゆくだけ、多くのものごとが見えてくるし、頭ははっきりしてくる。

がむしゃらに進む旅行は、まったくむだなものに思えることもあるだろう。役にたたず、純然たる消費でしかないように見えることもある。しかし、世界とむきあう私が遍歴の中で知識や技能を身につけ予想もつかない自分になってゆくという、教養の形成規則をよく心得ている東次郎は、この消費としての旅を生産へと転換しなくてはならないことの必要を、自分に語ってきかせる。

ぼくに収穫なぞあろうはずもない。消費ばかりで、生産はないのではないだろうか……作るとしたら何が作れるのだろうか……。(……)ぼくは負けず嫌いだ。「自分には生産する能力がない」と思いっぱなしになぞしていられるものではない。ぼくは考えた。「この旅行をして何を作れるか——生産できるか」——そしてついに知った。/「ぼくに生産できるものは一つしかない。紀行文を書く事だ。紀行文を終りまで書きあげる事だ。上手だろうが下手だろうが、そんな事は全然問題でない。ベストをつくして、終りまで書きあげれば、それで立派な生産だ。ぼくにだって生産できるのだ(123—124ページ)

そして彼は、ほんとうに文を生産した。一行ごとの輝く細部をとりあげる必要はないだろう。彼の紀行文にただひとつの中心的な主題をあげるなら、それは「自分」の発見だというほかはない。移動を通じて、彼は人間の営み、人工物のすべてのつらなりをも含んだものとしての「自然」を発見する。ついでその発見によって、存在の網の目における「自分」という分け前を鋭く自覚し、同時に、その自分が解消可能な存在でもあることを見いだすのだ。その目覚めの瞬間を、彼は夜の琵琶湖畔の冷たく足に痛い砂を踏みながら迎えた。

　ぼくは、その時の自分を見られたくなかった。ぼくは人を見たくなかった。だから、はしけのいっとう先のヨットのへさきで、あお向けに寝ころんだのだ。そうして見た空は、ぼくがふだんみつけている空ではなかった。雲はとりたての、できたてのウサギの毛か、ペルシャ猫の毛のように白くて、軽くて、ふさふさしていた。空は、ぼくの貧弱な目では、とうてい見きわめることができなかった。手をのばせばつかめそうにも思えるし、そうかと思えば、何よりも一番遠くに、ぶ厚くあるように感じられる空の青さだった。（……）ぼくは〝自然〟を、強く強く感じた。／大いなる自然、底知れぬ自然、その自然に人間の〝誠の心〟が働きかけると、見当もつかない自然の力が静かにのしかかってくる。自然に溶け込まなくてはいられなくなってくる。ぼくもそうだったに違いない。だから、まわりのものが初めて顔を向けてくれたのだ。（……）ぼくの心に残っているものは、なに一つない。もう悪人のぼくも、善人のぼくも、弱いぼくも、強いぼくもいない。〝自分〟などというちっぽけなものはなくなってしまうのだ。／そしてぼくには、人間の尊さが判ってきた。人間だけではない。生き物だけではない、あらゆるものの尊さを、しみじみと感じられたのだ……。ぼくは、とうとう自然の偉大な力を通して〝尊さ〟を感じたのだ。（153—155ページ）

自然との直接的合一により私にもたらされる、この世界のすべての存在には高貴なものがある、という感覚。あらかじめ存在する超越者とは無関係に「あらゆるもの」に向かうこれは、近代最大の精神運動だったロマン主義直系の自然＝人間観だが、この覚醒の経験は彼自身のもの、彼が手探りで到達したものだ。そのとき、彼の心が刻んだ「文」によって、東次郎はぼくらが出会う東次郎となった。

旅の終わり、十五歳のライダーは毅然とくりかえす。「消費の生活は、人間の生活でない。生産の生活こそ、この世の最大価値だ。」その生産には文の生産、生き方の生産もふくまれる。その文を通じてのみ、彼の道はわれわれの道となり、彼の「はじめての旅」がそのまま、ぼくらの中に新たなはじまりを作りだすことにもなったのだ。

未来の氷河への速達。亜熱帯の島。独特の瓦屋根の並ぶ集落。家陰にたたずむ妖怪。

濡れた石畳の道。人影に浮かぶ名前の群れ。草を刈った少年。草に埋もれそうな道端の十字架。走る犬。蠅(はえ)のおびただしい死骸。子供たち、貧しげで、古びた。オリオン・ビール。鉄条網。基地。壁の向こう側、肌の向こう側、言語の向こう側。遠浅の海をすすむ竹馬。兵士、混血児、酒場。サーカス、ナターシャ。老人の顔、馬の顔、犬やチンパンジーそれぞれの儀礼的な群れ、蛙の干物、都市の群衆の投石、奇妙な人々、奇妙な死んだ天使たち、顔。海辺の儀式。石垣、近寄る夕立、道。濡れた道。

時間には過去も未来もない、ただ過ぎ去ったものの現在と、いまあるものの現在と、これから生起するものの現在があるだけだというのが、アウグスティヌスの考え方だった。過去とは記憶に残る心像と言語によって構築された何かであり、未来とは過去を素材として想像力と言語によって構築された何かであり（したがって未来はすでに一種の過去としてしか存在せず）、人の意識にとってはただ「現在するものの現在」があるだけで、それは五感のすべてをまきこみながら「いまここ」で体験され、刻々と姿を変えてゆく。それなら人間にとってはただ「いまここ」というそのつどの一瞬に炸裂するようにひろがる空間があるだけで、人は流れる時間をありのままに経験することはなく、ただあらゆる瞬間に起こる世界の開示か再創造が、人間にとって連続性の印象をつねにすでに過去のものとして作りだしているということになる。

けれども、とついさっきまでテキサス州オースティンの市内を流れるコロラド川の岸辺を歩きながら、ぼくは考えていた。たとえば目をつぶって、そのときその場の空間をよく感じとってみようと試みる。いろいろな音が聞こえる。鳥の鳴き声、車の音、石に撥ねる水音——空間を旅して自分に届くそれらの音は、音となって把握される振動のそれぞれの源においては、同時に生じたものではない。こんどは目を開く。視界を構成する光は、さまざまな対象物にそれぞれ別々の時にぶつかって反射し、この網膜まで直線的な旅をしてきたものだ。つまり、「いまここ」という同時的現在を作り上げているとわれわれが信じる光も音も、あらかじめその空間的拡がりをとおして、時間化されている。空間とは、ひとりの人間という観測者の位置をもちこんで考えるならけっして「一瞬」には存在しえないもの、それはすでに時空の連続体なのだ。空間にはすでに時間のずれゆきが刻まれ、川の流れにはあらゆる水源や降雨からの水滴が合流し、私は現在するものの現在をつうじて絶えず時の経過に触れている。そして一枚の写真は、ある瞬間の空間をうつしとるふりをしながら、逃れがたく瞬間を超えて、歴史を露呈させる。

今福龍太によって再配列された東松照明（とうまつしょうめい）の数々の写真を見ながら、改めて写真が歴史とのあいだにもつ不思議な性格を考えずにはいられなかった。写真の画像は、完全に過去のものだ。過去のその時点で視覚にさらされうる「歴史」を写真はみずからの表面に刻み、それをわれわれの「現在するものの現在」へと容赦なく送りこんでくる。

その像は、それが絶対的な取り戻しようのない過去に属すれば属するだけ、森閑（しんかん）とした無音の酷薄さをおびて、現在をおびやかす。そこで一枚の画像を前にして人が体験する「隔て」の感覚は、もともと写真家がたしかにそのときその場での現在において経験していた何事かを起源としながら、まるで死刑を執行する断頭台の刃の音を思わせるシャッター音とともに、ある決定的な「隔て」のむこうへと送りこまれたものだった。シャッターを押すことは、いわば現在の直接性への断念だ。だがこの断念によって、撮影の「場」をなしていた「現在」は、時のずれゆきを構成する細かく見れば無数の傷痕とともに、誰の目に触れるかを予測しえない未来へと、川面に浮かぶ木の葉のように、はじめて送りだされてゆく。

まだ「歴史」と呼ぶにはふさわしくないそれぞれの土地／時代にあっての日常の場をさまよいながら、ひたすら受け身であることに徹し、光景がむこうから襲いかかるのを待ち、待つうちに羽虫にむかってすばやい舌をつきだすカメレオンのような敏捷さである一瞬に凶暴な「隔て」の一撃をくらわせるスナップ写真は、人々の集合的な「暮らし」が言説によって組織され局部的な擾乱（じょうらん）はあってもやがては川の流れにたとえられるひとつの大きな「歴史」へと流されてゆく直前の無言の地帯で、互いに遠く孤立した場所たち時間たちの印象を、ぐるぐると循環させる。絶えずそれらを並べ替え、点滅をくりかえす。メディアの爆発的肥大によって、生身の視覚像の総体をはるかに超えた途方もない量の複製イメージが人の世界観＝歴史観をかたちづくるようになった世紀の終わりをむかえて、われわれは自分が「歴史」と呼ぶもののどれだけが、そうした循環し点滅する画像の、大洋にちりばめられた島々のような点在によって支えられていることかと、驚かずにはいられない。他の誰にもまして「隔て」の専門家としての写真家こそ、「歴史」の直接の製作者なのだ。われわれは写真家による「隔て」をなぞるようにして、はじめて「歴史」に立ち会う。その「歴史」とはたとえば敗戦国「日本」に貫入した「アメリカ」の存在であり、君臨するこの異物との境界面にシャッターの逆説的打撃を加えることが、東松の出発点となった。

一九五〇年に写真を撮りはじめて以来、沖縄を舞台とする『太陽の鉛筆』刊行までの四半世紀、彼がモノクロームで執拗に追ったのは、「主題」としてはたしかに「アメリカ」による「日本」の物質的変容だったといっていいのだろう。だが、この意志の軸に沿って撮られた写真群をこうしてまとめて見るとき、そのように要約して語ることのできる歴史的主題をはるかに超えて、個々の写真のはらむ過剰が、まるで唸りを上げ振動するような強さで迫ってくるのだ。それはたしかに写真の審美的次元であり、その層に触れるとき、われわれは言葉を失う。その失われた言葉のかたわらで、結局は「天佑」とでも呼ぶしかない、写真を支配する奇蹟的な偶然が浮かび上がる。なぜこのような構図が成立したのか。なぜこのような表情が撮れたのか。少年は何を思ってカーテン越しに亡霊のように顔を出したのか。白いスーツにサングラスのやくざめいた男の陰に立つ少女の鞄には、なぜ「Everything is good」の文字が書かれていなければならなかったのか。なぜ二人のバスガイドが、そのとき窓の外を歩いていたのか。いったいなぜこの小さな女の子は鉄の格子扉を舐めているのか。とても作為ではありえない、奇妙さ。しかしそれをいうなら個々の人の表情のすべてが奇妙であり、すべての風体が奇怪であり、すべての光景がどこかしら透明な謎を秘めているように見えてくる。

こうした細部によって、スナップ写真群は、ひとつの主題におさまることはけっしてない。そしてそれが、「時」に「島々」が潜むということの意味なのだ。群島の思考はローカルな解決の積み重ねだ。写真「集」というかたちをとっても、系列はみずから崩壊し、流れは遮られ、予測不可能な何事かがつねに出現し、具体的な事物の背後を探る視力は挫折し、われわれは不透明な、たしかにかつてそこにあった過去の現在に、改めて直面する。「氷河期とは未来の範疇で／そのとき人はついに誰も愛さなくなる／自分自身さえ」(ジョゼフ・ブロツキー)。写真家は状況を「隔て」の一撃により「歴史化」し、写真はすみやかに、そして必ず、未来に送り届けられる。未来に住むわれわれはその像を見つめ、沈黙のうちに、過去から現在へと噴出する「世界」の貌(かたち)を、はじめて学ぶことになる。

泥の子供たちであるわれわれ。写真についてはしろうともいいところだけれど、写真を見るのは好きだ。五月には畠山直哉の数冊の思索的な写真集を、飽きることなく何度も見ていた。日本各地の石灰岩の山が切り崩されてゆく風景や、渋谷の雑踏の地下を流れる暗渠(あんきょ)のまっくらな宇宙の探究で知られる彼が、今年（二〇〇二年）は水滴にとどめられる光と時間の痕跡を、まとめて発表している。光が透明な水滴をよこぎるにはそれなりの時間がかかること、おなじようにガラスを通過するにも一定の時を要するのだということ、こうした通過をうつす写真はすでに「歴史」を刻むこと、したがってそこには何らかの「記憶」が一枚の平面へと投影されたかたちで展示されていること、あるいはガラスとは水滴とおなじようにじつは流体なのだということ……ふだんはぜんぜん考えてもみないこうしたいくつもの事実に気づかされ、額が微熱をおびたような気持ちになる。写真、それもまた読書の対象だ。

ある雨の日に畠山さんの家で、この連作「Slow Glass」の撮影のために彼自身が制作したカメラ（それは一見したところでは用途不明の木の箱）を見せてもらい、それから部屋にあった一冊の写真集を借りて帰った。知らない写真家の作品集だった。『デイーター・アッペルトの死と再生』と題されている（「死」と「再生」はいずれも複数形）。見ていると、その薄気味悪さについついひきこまれ、目が釘づけになってくる。ぼくには、すごく訴えてくるもののある作風だ。

写真家というよりもパフォーマンス・アーティストなのかもしれないアッペルトは、崩れてゆく屍体、あるいは泥の中から生まれてくる生命を、みずから演じている。包帯をぐるぐると巻き、泥で固めた体。その額や手足は不気味にひび割れ、生きているのか死んでいるのかすらわからない。でも、たしかに「かたち」がある。壊れてゆくのか、よみがえろうとしているのか、なまなましく「外」にさらされた命を感じさせる。命は「からだ」に宿るしかない。そんなあたりまえのことが、はっきりと浮かび上がってくるのだ。土にふれ、岩にふれ、何かの儀式にのぞみ、カルナックの巨石遺跡と並べられ、春分を経験し、アメリカ先住民の住居にあるみたいな木の梯子で岸壁によじのぼり、からだは先史時代の生活や、それよりもはるかに古い、自己を構成する物質が周囲の環境から分かれてきた（「自分」となった）時点を、回顧しようとしているようだ。

いつのころからか、人が鉱物（岩石、土、砂）にふれているところ、あるいは樹木や水にふれているところに、興味をひかれるようになった。そんなふうに、ふれて実在を確認しながら、ヒトはヒトになってきたのだと思った。風に吹かれること、雨や雷に打たれることもおなじ。からだの表面で起きつつあるできごとによって、われわれは削ぎとられるようにして造形されてきたのだと思う。そして！　ぼくらの主題にそっていうなら、読書もそうした造形作業の一部なのだろう。光にさらされる眼球が、網膜が、ざわめく文字を研磨剤のように使って、ぼくらの心を削る。声は無音のうちにもことばをつぶやき、それがのどを飼い馴らし、ひいてはわれわれの思考にも流れ癖のようなものを与える。ヒトがヒトになるプロセス、からだと心の輪郭がさだまるプロセスは、すべて外界との衝突、接触、摩擦によってみちびかれてきた。光をうつしとる写真という、つねにどこかしら幽霊じみたところ、ひどく観念的なところのある分野すら、それは物質的接触と造形の、人類史的なプロセスの一部なのだと思う。畠山やアッペルトのような写真家は、制作においてそのことを意識しているだけではなく、他人にもそれを思いだせ、思いだせ、と呼びかけているような気がする。

あるひとりの偉大な考える人が、くりかえし語ってきたのも、ヒトがヒトとなったプロセスをつねに思いだそうということだった。彼は少なくとも過去数千年の人類の生活習慣を、全面的に相対化することを、つねに呼びかけてきた。これが唯一の道ではないのだ、われわれの道が。世界には別の道があり、古き道をとり戻すことで作りだせる別の希望がある。たとえば人間と動物との関係について、短い文章の中で彼がこんなふうに指摘するとき、ぼくらははっとして、ほんとうにそうだった、と思いだす。

現在でもまだ、すべての生命を持ったもののあいだにあった原初の連帯を、われわれはぼんやりとだが意識しているように思われる。子どもが生まれるとすぐにか、まもなく、われわれは何はともあれ大急ぎで、子どもの心に人間と動物たちの連続性を教えこもうとするのではないだろうか。ゴムや縫いぐるみでこしらえた、見せかけの動物たちで幼児をとりかこみ、幼児に最初に与える絵本で、子どもが実物と出あう前に、熊や象や馬や驢馬（ろば）や、犬猫や雄鶏雌鶏（おんどりめんどり）や廿日鼠（はつかねずみ）や兎（うさぎ）などを見せてやるのである。まるで、過去のものになったことをやがて知るはずの動物たちとの一体感への郷愁を、ごく幼いときから子どもに抱かせなければならないとでもいうように。

（クロード・レヴィ＝ストロース「狂牛病の教訓――人類が抱える肉食という病理」川田順造訳、「中央公論」二〇〇一年四月号）

動物とヒトとの連続性。ヒトはじつはそれをよく知っている。一度も忘れたことはなかった。けれどもそこに断絶のくさびを打ちこむ必要があった。動物を利用し、殺し、食物とするために。ここに潜む根源的なさびしさを、世界のあらゆる哲学的伝統が（世界宗教のそれも小規模社会集団のそれも）なんらかのかたちで意識し、とりあえずの解決策を与えてきた。隠されたカニバリズム（共食い）を、正当化しようとして。そこから出発して老いた人類学者は、狂牛病を生むにいたった肉食の病んだ論理を明るみに出し、肉食との訣別とその後の世界を見とおす。こんな長い視線が、ぼくらには必要だ。それを習い、それを身につけなくてはならない。さもなければこの地上で、ごくかぎられた時間を生きながら、われわれが何者でどこから来てどこにゆくのかを認識するという大切な仕事に、一歩も近づけないままに終ってしまう。

彼、レヴィ＝ストロースの『悲しき熱帯』は、ぼくにとって世界の鍵をにぎるように思えた本の一冊だった。それをひさしぶりに手にとって、春から教室で読んでいる。「読んでいる」というのは、文字どおり「朗読している」ということであり、わずか三人の学生は、ページを手がかりとしてひろがる別の時間と場所に、とまどいつつつきあってくれる。ゆっくり朗読してはじめて発見できることは、多い。なかなか進まないが、それも「長い視線」のための訓練。この本の中心的なメッセージは、明らかだ。新石器時代に、現在のヒトの基本的ライフ・スタイルが確立されたとして、それ以来、各地で育まれてきたローカルな小さな伝統が、全面的危機にさらされている。それに代わって登場したのが、都市化と単一耕作に代表される、世界を均質化してゆく大きな力の流れだ。おびやかされた小さな正統性たちが、その最後の閃光を放つところに立ち会い、その残照を記憶にとどめる。「夕暮れの邦」（アーベントラント＝西欧）の人間が、自分たちの地域が世界の他の地域にもたらした災厄の最終的な結果をじっと見つめ、破壊され失われた思考法の精髄を顔の紋様とともに覚えようとする。

「世界の世界化」とともに、われわれは何を失ったのか。西欧と南アジア、南北アメリカを対比しながら、人類学者はある諦念と抑制された怒りをともなって、赤道地帯をさびしさで彩る「起こってしまった歴史」のまえにたたずむのだ。

二十世紀、新石器時代的ライフ・スタイルは最終的な終わりを告げた。だがまさに、世界を現実に再想像＝創造する技巧としてとり戻されなくてはならないのは、そんなライフ・スタイルとともにあった知と倫理の体系だ。二十世紀後半のブラジルの代表的歌手のひとり、ジョルジ・ベンはかつて歌っていた。Ciência arcaica, filosofia oculta e moderna...（太古の知、オカルト哲学、そして近代哲学）。ぼくらはそれらすべてを、同時に、必要としている。思考そのものの性癖や身体の習慣を、一万年のオーダーでとらえ返さない思想は、何ももたらすことがないだろう。

レヴィ＝ストロースがアメリカニスト（南北アメリカ研究者）として「新大陸」に学び、はっきりしめしたこの姿勢を、現代の日本語では、たとえば中沢新一が真剣に生きようとしている。『緑の資本論』（集英社、二〇〇二年）としてまとめられた四つのエッセーは、西欧近代がはじめた発展・資本化・増殖のプロジェクトにより「1」であることを強いられた「現代世界」に対する根源的な違和感をばねとして、物質／精神という区別を超えた「ある」モノ、流動するモノへの感知と覚醒を呼びかけ、そんなモノとの同盟を基礎としてヒトの集合的な生き方の転換を図ることを、しずかに、でも熱く、訴えている。

「後期旧石器の時代に現生人類の大脳のニューロン組織におこった革命的な変化から、新石器革命をへて、巨大国家の出現まで、二万年ほどのスパンで進行したすべての事態は、ひとつながりなのである」（45ページ）。だったら少なくともこれだけの時間的パースペクティヴをもって事態をとらえなおさないかぎり、現代をめぐる問いは語れない。三位一体論という巧妙な発明により「唯一絶対の神」に微妙な亀裂を走らせ、精霊の増殖を可能にしたキリスト教が、価値の増殖をコントロールしつつ支配の領域をひろげてゆく資本主義をいかに生みだしてきたかというメカニズムに、現代世界資本主義が「悪」と呼び敵と名指す「イスラム」のいさぎよい信仰と思想を対比させ、後者に対してはびこる偏見を排そうとする著者は、ジョルジ・ベンの歌が予示していた姿勢を、そのままに生きているように見える。その論理の展開については、これからもっとよく考えてみることにしよう。いずれにせよこの本が、今年の夏をはじめてくれた。手がかりにみちた本。レヴィ＝ストロースの教えと平行して、遠い視線をはげましてくれる本だ。

詩はいつもそこにある。詩を読む習慣のある人は少ない。もったいないと思う。読書のための時間が限られていればいるほど、迷う必要はない、きみは詩を読めばいい。詩集は余白が大きくて目が疲れないし、詩そのものは大体どれも短い。それで短時間に、くりかえし読める。読めば心に残る。驚きがあり、発見がある。覚えてしまった言葉は、本そのものが手許にないときでさえ、楽しませてくれる。考えさせてくれる。その場ではあまり意味がわからなくても、よみがえってくるとき「ああ、そういうことなんだ」と納得したり感心したりすることがよくある。そしてこのプロセスが、われわれの心の風景を変えてゆく。心の地形も気象も変えてゆく。

「だって自分には詩なんて関係ないもの」と考えている人は多いだろう。これについてだけは、断言しよう。そんなことは絶対にありえない！　誰だって、思い出すたびに心が揺れるような経験があるだろう。それにむすびついた言葉があるだろう。それにむすびついた人の顔、光、風、匂いがあるだろう。つい口ずさんでしまう歌があり、その歌詞やメロディーがあるだろう。何度でもよみがえってくる映像があり、それにつきまとうもやもやとした印象があるだろう。失われてしまったけれども呼びかけてみたい相手がいるだろう。そうしたすべては、いま、ただ言葉とむすびつくかたちでのみ、きみの記憶に住んでいる。それが詩であり、詩を根底からささえる言葉の黒土だ。

明治大学は、なぜかつねに文学にやさしかった。多くの作家や詩人が育ち、または教壇に立った。いわゆる文学者でなくても、映画監督・北野武や冒険家・植村直己(なおみ)といった明治の出身者たちを見れば、その作品に、文章や生き方に、まぎれもなく詩がみちている。そして二十世紀後半の日本語現代詩に誰よりも大きな足跡を残したひとりの詩人もまた、かつて太平洋戦争下の明治大学文芸科で学んだ人だった。田村隆一。きみがこれまでに日本語の現代詩を読んだことがなくて、何か読んでみようかと思うのだったら、まずは彼の詩集を勧める。思潮社の「現代詩文庫」版は、ちょっと大きな書店ならどこでも手に入るはずだ。そこにおさめられた彼の三冊の詩集（正・続・続続）のどれでも、とりあえずパラパラと立ち読みしてくれ。詩の読書はどれほど断片的でもかまわない。一行が、心を捕らえることもある。一行が、きみを変えることもある。

言葉なんかおぼえるんじやなかつた

が、あるいは田村のもっとも有名な一行かもしれない。「帰途」と題された作品の冒頭の一行だ。言葉によってその一言を発するしかないヒトの運命は、他の多くの作品でもくりかえし、別の角度からとりあげられる。

言葉のない世界を発見するのだ　言葉をつかって

（「言葉のない世界」）

魂は形式
魂が形式ならば
蒼ざめてふるえているものはなにか

（「腐敗性物質」）

「魂」とは「言葉」とおなじく（あるいは「言葉」でできた）「かたち」であり、「かたち」としてそれ自体では空虚なものだ。それにぴったりよりそうように、蒼ざめ震える「私」あるいは「私以前」の誰か、何かがいる。言葉を使いながら、「自分がいいたいのはそんなことじゃない」とか「こうしてこの言葉を話している自分はけっして自分じゃない」という感覚を味わったことは、きみにもあると思う。そう、言葉は、それを使うはじから、「言葉以外のもの」「言葉以前の自分」を、その場に呼び出してしまうのだ。それは動物かもしれない、何もしゃべれない幼児かもしれない。すべての詩人たちがよく知っているこの感覚に、田村は人一倍、敏感だったにちがいない。「見えない木」から、間然（かんぜん）するところのないすばらしい一節を引用してみよう。

雪のうえに足跡があつた
足跡を見て　はじめてぼくは
小動物の　小鳥の　森のけものたちの
支配する世界を見た
たとえば一匹のりすである
その足跡は老いたにれの木からおりて
小径を横断し
もみの林のなかに消えている
瞬時のためらいも　不安も　気のきいた疑問符も　そこにはなかつた
また　一匹の狐である
彼の足跡は村の北側の谷づたいの道を
直線上にどこまでもつづいている
ぼくの知つている飢餓は
このような直線を描くことはけつしてなかつた
この足跡のような弾力的な　盲目的な　肯定的なリズムは
ぼくの心にはなかつた
たとえば一羽の小鳥である

その声よりも透明な足跡
その生よりもするどい爪の跡
雪の斜面にきざまれた彼女の羽
ぼくの知つている恐怖は
このような単一な模様を描くことはけつしてなかつた
この羽跡のような肉感的な　異端的な　肯定的なリズムは
ぼくの心にはなかつたものだ

ティーンエイジを大慌てでかけぬけてきて大学に入ったいま、きみにもふと立ち止まって「自分が発する言葉」や「自分をかたち作っている言葉」を見直したくなるときがあるんじゃないかと思う。それはある夜や正午に、突然訪れる。いまのきみには「社会」が要求する硬い言葉を身につける必要もあるだろうし、セックス、ドラッグ&ロックンロールで言葉をずたずたに壊したくなることもあるだろう。でも、ただひとりになったとき、どうにもごまかすこともできず、自分と自分との関係をむすびなおすための言葉は、自分で準備してゆくしかない。そのやり方を教えてくれるのは、陽気な孤独のうちにつむがれた、すべての先行する詩の言葉だけなのだ。

感動的な戦意にみちた本だ。地平の広大さと細部のふくよかなゆたかさ。「ヨーロッパ」と「大学」というふたつの対象を、徹底して相対化しようとする意志。いずれも著者自身の人生や情感や知的生活をも深く規定してきたものにちがいないのに、自分が腰かけている樹の枝をノコギリで切るみたいな冒険を、彼女はためらわない。文学研究と地域研究の継ぎ木に、その枝が耐えるかどうかを知りたいばかりに。それは知性の誠実さの証しだけれど、かといって「正しさ」を声高に説いてまわるようなつつしみのなさとは、もちろん無縁だ。淡々とした、濁りのない、息の長い語りが、結局のところ現在では否定しがたく地球全体を覆うことになったこの「唯一」の近代」、「新世界」への貪欲な侵略を開始して以後の拡大するヨーロッパが血まみれの手で作り上げてきたこの近代の体幹にある、「植民地」「共和国」「キリスト教文明」の理念と意識を、その暴力を、容赦なくあばいてゆく。さまざまな事例やエピソードにひきこまれつつ、しばしば立ち止まって背筋が寒くなるような覚醒感をおぼえることがある。この本（工藤庸子『ヨーロッパ文明批判序説——植民地・共和国・オリエンタリズム』東京大学出版会、二〇〇三年）はそういう本だ。ヨーロッパの言語や文化に一度でも魅了されたことのある人なら、誰にとっても必読の一冊だろう。

それにしても人は、なぜヨーロッパを愛せるのか。ぼくにとっては、それは年来の大きな疑問のひとつだった。評者が自分のことを話しても仕方がないが、本書の主題を考えると、ついまたその疑問が頭をもたげてくる。

学部学生だったころ、ぼくはふとしたはずみで、アメリカ深南部アラバマ州に留学した。かつての公民権運動の焦点、もっとも激しい人種差別で知られた土地だ。そこではたしかに学生たちのあいだですら、肌の色の分割がいまだに生きていた。表向きどんなに仲良くつきあっていても、けっして越えない線が歴然とある。それなのに、いわゆる「黒人」の子たちの色素や身体的特徴の多様なこと。何世代にもわたる混血の（すなわちその背後にある暴力の）痕跡は明らかだった。

ついで二十五歳の一年間、ぼくは南米各地とカリブ海域を旅行してすごした。たとえばブラジル北東部のバイーアで、あるいはカリブ海のマルチニックで、何度となく思ったのは「いま目にしている光景のすべてはヨーロッパが作ったのだ」ということだった。土地を白紙として扱う。先住民は殺し、排除する。三角貿易という壮大な交易システムにより、アフリカから黒人たちを移入する。大地を作り替え、教会を中心に町を作り、ヨーロッパ言語を教え、マリアだのパウロだのといったキリスト教名前をつける。すさまじい力だ。両アメリカとはヨーロッパ・キリスト教文明の「作品」であり、そこで引かれた基本線の延長上に、現代の「世界」はある。そう考えるたびに、重く黒い塊が胸を沈んでゆくような気分になった。

そんなある日、十二月の真夏のブエノスアイレスで、日本のある高名なラテンアメリカ研究者から夕食をごちそうになったことがある。千年の歴史と三つか四つの大陸を往還する知的刺激にみちたおもしろい話をいろいろうかがったあとで、先生がぽつんともらした言葉にぼくはひどい衝撃をうけた。「でもやっぱりヨーロッパの魅力は特別です、人を狂わせるものがあるのはヨーロッパです」と。おそらくそうなのだろう。それには賛成も反発もしなかった。どう捉えるべきかわからぬまま、曖昧にうなずいただけ。しかし同時に、ヨーロッパ（およびその後継者であるアングロ＝アメリカ）が描く世界のデッサンをそのままで肯定することは、自分にはこの生涯で今後けっしてないだろう、とも思った。

工藤庸子のスタイルは、文学および歴史作品の丁寧な読みを通じて知の歴史的な布陣（その時代ごとのコモンプレイス、つまり「決まり文句」であり「共有された場」）とそれを支える個々の感受性のかたちを見やすく提示してくれるものだといっていいと思うが、ピエール・ロティやベルナルダン・ド・サン＝ピエール、ミシュレやユゴー、プルーストやマルロー、他にも数多くの著名な著作家たちの言葉を検討しながらも、そこには冷徹なまでに一貫した問題意識がある。

現代の世界は、どうしてこのような世界になったのか。

世界を構成する国家群は、どうしてこのような運営形態をとることになったのか。

現在にいたるヨーロッパ文明の覇権の、歴史的成立の影では、いかなる宗教的エートスがどんな他者表象を組織してきたのか。

それらを総合するなら、ヨーロッパによる世界制作の中心にあった「コロニアリズム」と「奴隷制」を、われわれはどう受けとめ、考え、いまなお世界にはびこるその遺産に対処してゆけばいいのか、ということだろう。

すぐれた翻訳者であり、十九世紀から二十世紀前半のフランス小説の正統的研究者であると見えていた彼女のこの問題設定は、しかし勘違いしないでほしい、「転回」といったものではまったくない。「彼女は恋愛小説研究からポストコロニアル批評に転向した」といったありがちな見方では、ことの本質を見失う。そこに転回はなく、あるのは連続性なのだ。自分ではけっして見えない枠組の中で、一定の選択の自由を与えられた「個人」が、どのような外部に誘惑され、どのような他者を発見あるいは同化し、結果としてどんな集合性ないしは社会体の造形に寄与してしまうか。一見したところあくまでも「ひとりひとりの著作家」と見える本書の多くの登場人物は、じつはそれぞれにある種の「未来の共同性」を言葉によって組織し、その成功によって言説の多層的な流れの中で忘れられることなく現代に残ってきた名前たちなのだ。

残存がかれらの勝利だった。かれらが遺したのは文章だけだが、その表面には微妙な縞模様が見られ、著者はその縞模様の出来を子細に点検してゆく。ミシュレにふれて著者が語る「縞目のようなイメージ」とは、類似と差異が交互に発見されてゆく同心円状のイメージのことだ。それにしたがって、ある同一性は自／他（中心／周縁）の区別を確立し、緩衝地帯を巧妙にはさみこみながら、その区別を支える物語をつむぐ。これこそ個人から国家まで、あらゆるレベルのアイデンティティ構成の根底にあるメカニズムだろう。

アメリカの大学制度の中で、比較文学という分野はヨーロッパからの亡命知識人たちが生んだものだった。地域研究は米ソの冷戦の産物、ポストコロニアル研究は一九六五年のリンドン・ジョンソンによる移民法改正とそれに続くアジア系移民の500パーセントの増加の結果だと、ガヤトリ・スピヴァクはいう。工藤庸子による「ヨーロッパ文明批判」は日本の大学の「地域文化研究」の批判的再検討から生まれたものだが、当然それは冷戦終結後のアメリカのグローバルな支配力と、それに対抗するヨーロッパのブロック化の流れの中で、ここ日本でフランス語を学び教えることの意義にも、深く関わっている。

コロニアリズムが個人的な出来事ではないように、外国語学習もけっして単なる個人的な選択には終わらない。それが開いてゆく地平を、「世界」との衝突を、彼女はわれわれのために、もっとも遠くまで歩いてみせた。

流星の道にむかって。解剖学者・養老孟司の発想には、しばしば眼をみはらされる。今日も、ちょっと前に買った批評家・蓮實重彦との対談本（『蓮實養老縦横無尽』哲学書房、二〇〇二年）を読んでいたら、次のようなイメージにぶつかった。適当にまとめ、言い換えながらいってみる。

生きている世界のすべてが刻々と変化している、それはあたりまえのこと。一歳の私と十七歳の私と四十四歳の私と八十九歳の私は、おなじではない（どころかあまり似てもいない）。そんな私が「私」といえるのは、言葉があるから。事件にしたところで、そう。どこからどこまでという輪郭の定まらないあるできごとを区切り、固定してゆくのは、言葉のはたらきだ。これができるのも、言葉の本質は「止める」ことにあるためだ。養老先生いわく、「人はどんどん変わって行く。脳ミソもどんどん変わって行く。万物流転するという世界の中で、唯一それを止めてくれているのは言葉だ」（137ページ）。なるほど。たしかに、そう思うと言葉はいかにも硬く、しっかりしたかたちをもっている。「犬」といおうが「乳房」といおうが、それに対応する実在物がどれほど多様でどんなにやわらかくても、言葉は硬く、ひとつだ。言葉は網膜や口蓋や鼓膜にたしかに物理作用としてはたらきかけるものの、そのとき目が見る言葉の姿も、口蓋を通過する空気流や声帯の振動も、実在物としてのソレにはまるで似たところがない。ひとりひとりの発話や書字を超えて、言葉は硬く、どこまでいっても変わらない。

そこで養老先生がもちだすイメージが、大変おもしろいと思った。

> 言葉は止まっている。しかも人間はひたすら動いている。（……）おそらく皆さんのイメージは、社会には人間という実体が沢山あって、その間で言葉なり情報なりがやりとりされている、というものだと思います。私は一度そのイメージをひっくり返してご覧になってみたら、と言いたい。つまり、厳として情報なり言葉なりという硬いものが真中にあって、その周囲をふにゃふにゃな人間が動き回っている。アメーバーみたいな人間が、動いている、そういうイメージの方がひょっとしたら正しいんじゃないか。（138―139ページ）

輪郭も定まらず、発光するふにゃふにゃなボディ、ぐるぐると循環しつつなんとなく姿が浮かんでいる程度のわれわれが、世界の骨のような、石つぶてのような、矢のような、力線のような、言葉のはざまを飛び交っている。時空の流れの中で、強い水にいまにも押し流されそうになりながらも、言葉というところどころに突き出た杭に必死にしがみついて、われわれは自分の存在のかたちや色を確認しようとする。もちろん、それら杭としての言葉の位置を、人が住む物理空間の中で同定することはできない。「犬」という言葉ひとつとったって、共有されたそれは時代を超え場所を超えて、どこにいってももはや変更不可能な「犬」なのだ。人間はあやふやだ。それに対して言葉は、厚みもひろがりもなく、温度も湿度もなく、ただそこにある。

生命は、世界は、動く。言葉は止める、とどめる。動いているわれわれが膨大な水流のわずかな一部であるとすれば、われわれはごく間近に隣あって流れている水以外の何も、見ることも知ることもできない。ところが、ところどころに言葉という杭が打ちこまれ、世界のニュース、魚や岩や樹木や蟹の消息を伝えてくる。そしてそれだけではない。たとえば「星」というひとつの語によって組織されなおすとき、われわれはごく容易に、また自然に、互いに入れ替わり、あるいは入り混じってしまうのだ。改めて考えてみれば、あまりにも驚くべきことだ。猟師も天文学者も学童も航海士も歌手も郵便局員も、「星」というときおなじひとつの「星」という語を使う。「星」という杭のまわりで、ふにゃふにゃのわれわれはぐるぐると無限に巡回し、見分けがつかなくなる。万人に共有されながら誰にも属さない言葉のまえでの、人の絶対的平等！　個々の人間に与えられた、言葉の絶対的使用権！　ヒトが止めたというよりも、みずからをある時点でとどめたにちがいないと思われる言葉の、もはや未来永劫にわたって変更はないだろう立ち姿の恐ろしさ。それがさらに「星」という文字を与えられ、あらゆる生命の上に陽光とともに降りそそぐ何かをわれわれの心に生じさせるとき、この「星」という文字を自分もまた何度でも書いていいのだということに、いきなり暗黒へとつづくクレバスをのぞきこんだような戦慄を覚えることがないだろうか。ぼくには、そんな瞬間がある。それでもう、たったの一文字も、書きすすめることができなくなる。

そんなときには、冷厳に凍てついたような言葉をゆるませ、小刻みに振動させ、しだいに発熱させて、誘うような輝きをおびさせてくれる、古来の技術者たちの力を借りる必要がある。言葉のまえでの人の絶対的平等を思い出させてくれるかれら、それは詩人たちだ。詩人は言葉を絶えず洗う。それはまるで巡礼のための里程標をいつくしむ、無償の奉仕者のようだ。どこにむかえばいいのか、その言葉に次の一歩をゆだねていいのか、その言葉を自分が口にする権利があるのか、口にすることによって体が猛烈に跳ねだしてしまったりしたらどう対処すればいいのか。言葉をめぐって人が心配するそうしたことのすべてについて、詩人はとっくに実験を重ねてきた。このことを、どんな風に説明すればいいだろうか。

わかりやすい例をあげよう。「猫」のことなら、みんなが知っていると信じている。てんでありふれた、愛想があるのかないのかわからない動物だ。しかしその猫が「おわあ、こんばんは」と挨拶しあったり、「ここの家の主人は病気です」と噂話をしていることは、萩原朔太郎が「猫」を書くまでは誰も知らなかった。あるいは、さらに何の秘密もない「犬」。けれどもやせこけた野良犬が、あるいは「北京原人の大腿骨(だいたいこつ)にむしゃぶりつきたい」とか「ゲッセマネの園でおすわりしたい」などと思っているかもしれないこと、そして口をあけたまま横町をめぐるそいつが「でっかい骨ないよーお」「でっかい　あくびしてないよーお」とつぶやいていることは、吉増剛造(よしますごうぞう)が「野良犬」を書くまでは世界に存在しなかった思考なのだ。

詩人はこうして、「猫」という言葉＝字、「犬」という言葉＝字を洗う。洗うとその言葉＝字はとたんに生命と運動を思い出し、新鮮な魚のように跳びはねて、匿名の水流へとぽちゃんと逃げてゆく。言葉は止め、止まっていた。その「止まり」がゆらぐような時を作り出す。詩人の仕事を、たとえばそんな風に定義することができるかもしれない。しかも、われわれはこれからも「猫」「犬」といった言葉＝字をまずまちがいなく使いつづけるのだから、詩人の仕事は誰にとっても無縁ではありえない。

二〇〇二年という恐るべき対称性の年、日本語の世界では今年も数々のすばらしい本が出版された。ときどき行なわれる「今年の収穫」的なアンケートでは、あげることのできる点数があまりに限られていて、よい本だと思ってもほんの数冊しかタイトルを書き写すことができないのが残念に思われることが多い。だがぼくにとって、今年の最高の収穫である一点は決まっている。それは普通の単行本とはちょっとちがう姿だ、なぜならラジオ放送用の教科書として書かれているのだから。NHKカルチャーアワー「文学と風土」のために準備された、吉増剛造の『詩をポケットに』(上・下)。この本はぼくに、まったく新しい窓をいくつも開いてくれた。

現代日本語の最大の詩人が、数多くの先達の言葉をたどり、土地を訪ね、一本の野草をつむように、あるいは一個の小石を拾うように、無雑作な細心さで選びとった詩句を、そっと誰もがポケットにしのばせることのできるポータブルで飾らない姿に変えて、読者に手わたしてくれる。その作業は押し花を作ることにも竹を削って竹とんぼをこしらえる身ぶりにも似て、何気なく、好ましい。残念なことにラジオ放送そのものは聞きそびれてしまったのだが、この秋、何ごとかにひどく疲れて家に帰るたび、しずかな夜をなぐさめてくれるのは、ゆっくり、ゆっくり読みすすむこのテクストだった。

吉増剛造の流星のように敏捷な感覚にみちびかれて、目と耳を開かれることの連続だったのは当然だけれども、ここで改めて思いあたったのは、詩について論じるときには、たとえ断片であっても詩そのものを引用しないわけにはゆかないという事実だ。絵画論が絵画に、音楽論が音楽に、けっしてとって代わるわけにはゆかないのと同様、詩論は詩の代理とはなりえない。つまり、「止め」を本質とする言葉や画像や音符によって、流動する感覚世界の一点を止めてきたものである詩(や絵画や音楽)を、さらにもう一段「止める」ことはできない、ということだ。詩論がめざすべきなのは、その正反対に、「止め」が逆行し、解除される方向を示唆することだろう。すなわち、芽吹いている詩がそれぞれの読者においてさかのぼるかのように種子へと戻され、世界の感覚へと帰ってゆく道を。旅の中で詩を読む詩人の道程は、そんな生きられた詩論の道をさししめしている。

そこでは引用が唯一の手法となる。言葉をつみとり活けることにおいて、人はアレンジメントの職人にして芸人となる。そしてこの摘みとりで、もっとも大切なのは、どれだけ多くを思いきって捨てるかということだ。いや、捨てるというのは、あたらないかもしれない。摘みとりたくなる百の花があれば、そこからあえてひとつだけを手折(たお)るということ。その選ばれた貧しさは、しかしどれだけゆたかな旋律とひろがりを読者に与えてくれることか。たとえば、

　御空より半はつづく明きみち半はくらき流星のみち

与謝野晶子のこのまばゆい、思わず息が止まりそうになる宇宙的な一行さえ、ぼくは自力ではけっして探りあてることができなかった。

歩く犬の記憶。アリゾナ州トゥーソン、巨大なサボテンの群れに包囲された高原沙漠のオアシス都市にあるナズリアリ・プレスから、今年二〇〇四年の日付けをもって、森山大道『犬の記憶』の英語版 *Memories of A Dog* が出版された。

すばらしく力のある本だ！　木の板に紐をつけてふりまわせばブンブンという唸り音を発するブル・ロアラーと呼ばれる呪具＝楽器がアフリカや南米、オーストラリアにあるが、この本は机の上に静止していても、しずかに唸り声をあげている。日本語版の『犬の記憶』に親しんだ人ならすぐに気づくとおり、収められた写真は日本語版とはかなり違う。重なっているものもいくつもあるが、かなりの部分が、森山自身が新たに選び配列しなおしたものなのだ。

だからこれは『犬の記憶』の翻訳というよりは、新たな振動を与えられたその別ヴァージョンであり、写真家の記憶の別の地帯への遠征を思わせるものになっている。ただし、それはあくまでも、あの犬的世界に酷似した並行世界だ。白さが眩く、黒さはみずみずしく濡れている。写されたまなざしはどれも親密さを拒み、遠い。ここでもヒトはケモノになり、動物たちは人間になる。無生物は生命を付与され、命は死を模倣する。都会は光の構造物であり、そのかぎりでは雲や空や山や河や森といった自然と何も変らない。そしてすべての写真がさししめす唯一の言葉は、こういいあらわせるだろう。「彼は歩いていた」。途方もない歩行の習性、経路の集成だ。

まず、カバーを見よう。表には、パリの街路だろうか、ガラスに映った森山自身の像。そして裏には、芝生に無防備に眠る二頭の秋田犬に襲いかかるように立ちはだかる、写真家の影。これにまず胸をつかれ、ぼくは驚くべき文章家としての森山大道を思い出すことになる。

「そしてこの廃園にはいつも兄弟の犬がいて散歩のたびにまとわりついてくる」（『犬の記憶』河出文庫、112ページ）。仕事場のある渋谷の町に、子供のころに遊んだ広場に似た空間を見つけて「焦げつくように懐かしかった」といった直後に続く文だ。あるいはパリの街角を語って「あの、週末の宵のカルチェラタンの、まるで人種の坩堝（るつぼ）のような雑沓や、昼下りのパッシー界隈の人気のない裏町のたたずまい。大きな二匹の黒犬が、ノソノソと客席を歩きまわるサン・ミッシェルの行きつけのカフェ」（『犬の記憶　終章』河出文庫、15ページ）。

いったい、街路をゆく二頭の犬たちが何だというのだろう。気にしない人はまるでしないだろうし、それでいい。でも一度、その想念が頭に忍びこむと、それはもう一瞬たりとも去ることがなくて、われわれは彼の記憶の劇場、回想の都会に、いつしか迷いこんでいる。萩原朔太郎の猫町ならぬ、犬町、犬都会、犬街道。すると突然、われわれの視覚がぼやけた白黒世界を運命づけられることにも、すんなり納得がゆくようになるのだ。これは犬の視覚。われわれはこの写真の連鎖に、嬉々としてついてゆく。

写真家に文による自作への注釈は不要だと考える人もいるだろう。だが森山の文は注釈ではなく追補、いや追補ですらなく独立した作品として、あやうい無関係を保ちつつ、写真と並べられている。写真から知った気になっても、われわれは森山本人をまるで知らない。文章から知った気になっても、やはり彼にはけっしてたどりつけない。並べられた両者の群れから、ぼんやりと幻影の人が浮かんでくるだけだ。路上に投ぜられた夕方の巨大な人影のようなそれを、われわれは「森山大道」と見なしながら、じつはそうとはいえないことを知っている。いえないままに、彼が総体として放つ異常なまでの運動感、そして運動を挫折させるものとしての「瞬間」の介入を、われわれは力の塊のように受けとめつづける。

一方、文章には瞬間はありえない。言葉が流れの中、持続のうちに展開するものである以上、それは当然だ。子供のころから各地を転々として育ち、まるで地面からかすかに浮かんだように、根を下ろすことを禁じられ彷徨を義務づけられてきた魂は、ある街を再訪し、不思議な経験をする。その街の陽だまりのそこここには「むかし僕が毎日毎日あきることなく、犬がちょうどオシッコをひっかけまわるようにして写真を撮っていた道ばたが、まるでついさっき撮ったばかりのような感覚で目のまえにあった」という。「寸分狂いのないフレーミング」で、過去と現在が。

いったい身体が憶えていたのか陽差しで憶えているのか。どちらにせよそのとき僕は、二枚の像がピタリと合致した瞬間を感覚して、名状しがたい感動をおぼえた。十数年まえのある日の一瞬と、たまたまファインダーを覗いたその日の一瞬とが、文字どおり時間を越えて、目のなかで等質になってしまったわけである。

（『犬の記憶』河出文庫、54ページ）

あまりにも個人的な時間旅行。というよりも、時間という隔てが一瞬に蒸発して、像と像が一致し、過去と現在が同時に経験される瞬間。それはたしかにエピファニック（顕現的）な瞬間だが、別に大それた真理や神があらわれるわけではなく、むしろ真理の無さ、意味からの遠さ、けれども生きること歩くこと見ることと感じることの確実な手ざわりが、前面に露出してくる。それを森山は「深い時空」と呼んだ。人間の社会や集団の論理からはかぎりなく離れた、独行の犬の経験と回顧の場所（トポス）だ。

ところが写真は、見る者へと届けられる。写真家の記憶は、無名の光の記憶として転送され、見る人の現在にまぎれこむ。写真が社会性を獲得し「世界」を拓く波となってゆくのは、そのときだ。写真家が撮っている「現実らしきもの」を、森山は「彼方に溶け込んでしまっているきりのない世界の過去と、遠くからある予兆と懐かしさをともなって歩いてくる、未来との交差点」だという。

> 記憶とは過去をくりかえし再生するだけのものではなく、かぎりなく打ちつづく「現在（いま）」という分水嶺を境界として記憶が過去を想像し、さまざまな媒体を通過することで再構築され、さらにそれが来るべき未来のうえにも投影されていくという永遠のサイクルのことではないだろうか。（同書、176ページ）

写真が一枚さしはさまれることで時間はループを描き、記憶＝想像力はそれを逆向きにたどりながら未来へと到達しようとする。街路をさまよい無雑作にシャッターを切りながら、彼はこの構造をまるごと演じるのだ。シャッター音により、未来を呼びこんで。それは迫りくる死に対するわれわれ全員の闘いの、孤独で果敢な、希望にみちた前衛だ。

『犬の記憶』は幼児のまま亡くなった双児の兄の話からはじまる。兄の名「一道」に「人の字が割って入って、僕は生きのびることになった」。だが「大道」は小さな「二」を引き連れ、「犬」として道を歩む。二匹の犬に見せる写真家の反応、眠る犬への抱きしめるようなまなざしの理由だろう。

心を語る指。二十世紀の文芸批評における最大の巨人のひとりだったノースロップ・フライが、こんなことをいっていた。われわれの仕事は、何を読むかではなく、むしろ何を読まないかにかかっている、と。読むべき本は無限にあり、時間や力はあまりにも限られているのだから、何かの主題に専心していれば、他の分野の本を読む余裕などないのが当たり前だろう。あれは誰だったか、書店に入り、いくつもの棚でひとしきり心をさまよわせたあとで、これを読む時間は自分にはないとみずから言い聞かせながら、本をそっと返すという話を読んだことがあった。なんという、みたされないさびしさだろう。でも人生の夏至をすぎれば、誰もがしばしば経験している気持ち。わずかにでも専門家であることには、そのための相応のアスケーシス（禁欲＝苦行）がどうしても必要だ。

ところが「文学」と呼ばれる、日常言語を素材とする文章の群れは、もともと専門性からは限りなく遠い地帯だったのではないかと思う。そこでは前提となる知識は必要なく、いつも扉は開かれている。直接に入ってゆき、わかろうがわかるまいが、読める。個々の本には別につながりはなく、つながりのないままに気質か色合いによって「本脈」（細川周平の造語）を形成する。読書はもっぱらチャンス・ミーティング

（偶然の出会い）であって、そこに発見のよろこびも、衝撃も、おびえも、感動も、あった。読書の幼年時代、誰もがそんな偶然によって、心という反応の回路を作り上げてきたことは、まちがいない。読書によって自分の心が大きく左右されてきたことを認める人間であれば、いったい何冊くらいの本が、その造形に関わってきたのだろうか。

ジョージ・オーウェルは、生涯に何冊くらいの本を読んだかという問いに対して「八百冊か九百冊」と答えていた。質問者はその数の少なさに驚いたようだったが、もちろん「読む」ことの濃度は人それぞれであり、「冊」という単位には別に意味はなく、オーウェルの読みの濃密さと大きな構想力のある知性は、彼自身が書いた文章を読めば明らかにわかる。

リスボンの高台、イギリス人墓地のそばにあるフェルナンド・ペソアの晩年の家は現在では一般公開されていて、詩人の蔵書がつつましい本棚に並べられている。その数はせいぜい七百冊ばかり、威圧感はまったくない。七割方は英語の本で（ペソアは南アフリカ育ちで英語で教育をうけた）、そこにはジョイスの『ユリシーズ』もハーディの分厚い詩集もあった。あるいはマラルメの詩集には、いくつかのソネットに鉛筆で乱暴に線が引かれていた。

日本の批評家では、文学に関しても食物に関してもそのグルマン（大食漢）ぶりで知られていた篠田一士が、本は自由にページを翻すことのできる五、六百冊が手許にあればそれでいい、と書いていたのを覚えている。これなら常識的な空間でおさまるし、家計が逼迫することもない。これも誰の話だったのか忘れたが、アメリカ在住の日本人がともかく本といえば『宮澤賢治全集』しか読まず、ただそれだけを飽きることなく何十年もくりかえして読んでいるという。それはいかにも充実した静謐な読書生活を思わせて、非常にうらやましいことだ。けれども本には独特の吸引力があり、一冊は必ず遠く隔たった別の一冊、二冊、三冊を知らず知らずのうちに引き寄せてしまうのだから、「無人島の一冊」的な剝奪のユートピアは、実際に無人島にみずからを拉致する勇気がなければ、とても実現することはできない境地だろう。

ぼくにとっては本はつねに流れの中にあり、すべての本はこの机に一時滞在するにすぎず、何らかの痕跡を残して、必ず去ってゆく。中には文字通りのフェティッシュ（お守り）として手許にとどめておきたいものもあるが、それが多くなりすぎては力が相殺し呪物としての霊験がうすれるので注意しなくてはならない。物体としての本は風ぐるま、しょっちゅう風にあてて新たな回転を与えてやる必要がある。自分自身が移動に忙しければ多くの本を大きすぎるヤドカリの殻のように背負ってゆくわけにはゆかないので、おのずからときどき書棚を整理し、心を洗わなくてはならなくなる。リセット、移動、しばしの定着、リセット、移動。そんなくりかえしの中から残る洗いざらしの「かたち」だけが、自分にとってのすべての書物の意味だった。これは「蓄積」という言葉で語られることが多かった知識とは、ちょっと別の位相にある知の形態だ。

とはいえ、出会いはつきない。まるで知らなかった本に誘惑されることは日々あるし、その誘惑に乗るのは、いうまでもなく何らかの理由がこちらにあったことを意味する。人は「知らないこと」に誘惑されるが、「まるで知らないこと」には無反応に終るにちがいないからだ。どうやら既知の中にかすかに迷いこんだ未知だけを、新鮮な発見として、人はよろこぶ。

ひと昔前のことだが、アメリカに住んでいてほんの十日ばかり日本に帰ったときに偶然テレビで見た、忘れられない話があった。主人公は四、五歳の女の子。両親が聴覚障害者で、健常者である少女は両親とは手話で会話する。音声日本語（という言い方があるかどうか知らないが）は同居しているおばあちゃんから学んだ。母親の買物につきあうときには、お店の人とのやりとりで通訳の役目をみごとに果たす。けなげな姿だ。ところが何ぶんまだまだ幼い彼女には、うまくいえないことも多い。あるとき、何かを通訳しようとして、どうしてもうまく伝えられない。どう表現すればいいのかわからぬまま、癇癪（かんしゃく）を起こし、泣き出す。それを見ているこっちも、思わず胸がつまった。なんという究極の通訳だろう。異言語のあいだの媒介者の綱渡りのような日々を、この特異なバイリンガル少女は限られた語彙のまま、体ごと、存在のすべてをかけて生きているのだ。現在ではもうすっかり成長しているにちがいないあの子は、いまはどんな風にこの二つの言語と関わっているのだろうか。

手話について何も知らないぼくがこんなエピソードを思い出したのは、たまたま手にした一冊の本のおもしろさに引かれてのことだ。斉藤くるみ『視覚言語の世界』（彩流社、二〇〇三年）。視覚言語とは、つまり音声言語の聞こえない人が使う「手話」と、音声言語を使える者同士が何らかの状況下での伝えあいのために使う「代替手話」をいう。たとえばアメリカ・インディアンが部族を超えた情報交換のためにリングア・フランカ（共通言語）としての手話を発達させていたことは知っていたが（「動物記」で有名なシートンにもこの主題を扱った図入りの非常におもしろい本 *Sign Talk of the Cheyenne Indians and Other Cultures* ［1918］がある）、修道院や製材所での手話使用には意表をつかれた。

修道院では沈黙の戒律のため、特に夜の「大沈黙」の時間には、音声で言葉をかわすことは許されない。そのため中世を通じて、かなり複雑な内容を伝えあうことができる手話が洗練され、二十世紀後半になって沈黙の戒律がゆるめられるまで、広く使われていたのだそうだ。中世英国の修道院手話では、たとえば「さくらんぼを表すサインは、左の親指を小指の関節に置き、それを右手でつまみなさい」。沈黙のうちの食事も、その言語を知っている人々にとっては、にぎやかなやりとりにみちたものだったのだろう。あるいはアメリカ北西部からカナダ太平洋岸、鬱蒼たる森林地帯の製材所の場合。騒音の中の共同作業で、ベルトコンベアの流れの周囲でそれぞれのやるべきことを瞬時に伝えあうために、ときには鏡すら使って、手話が交わされた。

作業上の情報伝達だけではない。

あいつら監督に向かって、なぜ笛を吹いているんだろう？

バーカー（樹皮をはがす機械）がこわれたんだ。

もう帰れるかな？

さあね。

帰れるといいな。

どうして？

疲れたよ。

奥さん病気だって？

どんな具合？

そんな雑談を、作業を続けながら、かれらは無言のうちに交わすことができたのだということ。斉藤がとりあげるもう一つの代替手話はオーストラリアのアボリジニのそれだが、かれらにおいて音声言語が避けられるのは死者の喪に服する期間やイニシエーションの儀礼の際のスピーチ・タブーに深く関わっていると述べつつ、著者がふと書きつける根源的な疑問に、こっちも足元がふらつくような感覚を覚えた。「元々人間は音声言語と身振り言語の両方を使っていたのが、アボリジニの場合、特に身振り言語を保つ理由があった」と考えることもできる、と。人間本来の身振り言語！　それがどういうものかまったくわからないだけに、つい思いをめぐらせてしまう。『言語起源論』を書いたルソーがアボリジニと出会っていたら、はたして何を考えたことだろう。

あるモノを指示する身振りは、ヒトにとって比較的生まれやすいだろう。でも子供を育てたことのある人なら経験があると思うが、赤ちゃんは「ほら、ごらん！」と何かを指さしても、肝心のモノではなくそういう大人の顔や指を見てしまうものだ。つまり指示という単純な身振りすら、言語として習得されなくてはならない。指示以外にすぐ思いつくのは、何かを真似る身振り。獣にせよ、草木にせよ、身振りが図像的に把握されれば、何かを表わすことができる。これは舞踊の起源にもそのままつながるだろう。けれどもいうまでもないが、こうした身振りが言語であるなら、それはそれを担う集団ごとにちがい、学ばなければ身につかないものだ。そしてその言語の成立の背後にあるのは、ともかくこれを伝えたいという内容であり、伝えたいという強い意志だ。

この点で興味深いのが、斉藤のふれる「ニカラグア手話」の成立過程だ。ニカラグアでは一九八〇年に聾教育がはじまるまで、聴覚障害者が集まる機会がなかった。各家庭では子供とジェスチャーでコミュニケーションをはかったり、口語主義（音声言語の唇のかたちや発声を教える）で育てていた。音声言語にともなうジェスチャーや、何かをしめすような身振りを使ううちに、子供はいわば独自の家庭内身振り言語である「ホームサイン」を使うようになる。そんな子供たちがはじめて聾学校で一緒に暮らすようになったとき、ホームサインの共同化が起こる。これがさらに、年齢の低い聾児たちのあいだで急速に洗練されてゆく。「ひとつのサインが全体として何か表すのではなく、構成素の組み合わせによって何かが表されるようになる」。さらには「サインを速くスムーズに出すための工夫とも言える規則も出現し、発話にとって有利であれば必ずしも表したい物事の必然的な順番とは同じでない順番でも規則として固定される」。こうしてまぎれもなく言語としての特徴をそなえた記号使用が、聾の子供たちのはじめての集団形成を背景に、ダイナミックに確立されていくのだ。

斉藤のこの刺激的な本をきっかけとして、ぼくはさらに二冊の本を読むことになった。キャロル・パッデンとトム・ハンフリーズ『「ろう文化」案内』（晶文社、二〇〇三年）。そして岡ノ谷一夫『小鳥の歌からヒトの言葉へ』（岩波科学ライブラリー、二〇〇三年）。前者はＡＳＬつまりアメリカ手話を担うアメリカの聾者のコミュニティのゆたかな生活文化の概観のためにうってつけの小著であり、後者はジュウシマツの歌文法の研究から「社会淘汰」と「性淘汰」が独立に進行するヒトの言語の起源に迫ろうとする、これも壮大きわまりない小著だ。いずれの主題も、ぼくには何の知識もない分野だが、言語について少しでも関心のある人なら、これはふれておいて損がない。

最後にもう一冊だけ、独自のラカン論で知られる赤間啓之の『デッサンする身体』（春秋社、二〇〇三年）をあげておこう。デッサンとはいうまでもなく画家たちが現実の対象を前にして指の舞踏のような動きで生み出す線描のことだが、「デッサンの直接性とはデッサンを描く者の身体のそのつどの生成」だと著者はいう。そのつどの「私」をまきこむ関係群の中で、デッサンする（意図し、徴を現前させる）、ゆえに、我あり。そしてその影には、ありえた自分の無数の痕跡も、同時に提示される。われわれの世代のもっともすぐれた思想史家の、多岐にわたる複雑な議論をここで追うことはできないが、手の動きによる音声言語以外の言語の本来的存在を、ここでもまた突きつけられた気がした。

一冊の本が、われわれが「世界」と呼んでいる時空連続体の小さな一部をしめす記号だとしたら、その本を手にし読むという動きも、「私」というデッサンの1ストロークだということになる。そして一本の線は、どんな秘密の合図によってか、次の線を呼ぶ。ざっとこんな「本脈」を気ままにたどるうちに、ぼくの二〇〇三年は、またもや無方向にざわめきつつ暮れていったのだった。

XENOGLOSSIAについて。読んだから、書く。あらゆる作家にとって、これは否定することのできない伝記的真実、必ず生きてきた経験だ。どんな作家のどんな文章にも、彼女の読書の痕跡が残っている。それ自体は別に気にすることもないだろう。だが作家たちの文章には、読むことそのものを主題化しようとするモーメントが見られることがあり、それは小説や詩の作品中に現れることもあれば、もっとはっきりとエッセーや評論として書かれることもある。

ぼくは多和田葉子（たわだようこ）をしばしば「読書の理論家」、そしてその発展形態のひとつとしての「翻訳の理論家」として読んできたのかもしれない。読んでしまったせいで見えるようになるものがあること、読むことは簡単にはやめられないということ、読むというプロセスがはじまればそれはそれ自身の慣性によってどこまでもすすみ周囲の物事をどんどん巻きこんでゆくこと、すると流動的になった事態に対処するためにさらに読みつづける以外には生き延びる道すらないこと。人がうすうすと気づきながら顔と意識をそむけていることを、彼女は直視し、ズバリという。

岩波文庫『読書のすすめ・第9集』（二〇〇四年）に収録されたエッセーで、多和田葉子はこう書いている。

小学校高学年から高校二年まで、一日一冊をメドに読書していた。今と違って、随分早く本を読むことができた。頭の中が白紙状態に近かったからかもしれない。読んだものがどんどん吸い込まれていく感触があった。実際には何も分かっていなかったとも言える。シェイクスピアなど今読み返すと、中学の時に自分がいったい何を理解し、どう思って読書していたのか、見当もつかない。筋も忘れてしまっていることがほとんどだ。それでもいいのだと思う。内容は忘れてしまっていても、読書によって、頭の中にものを考えるリズム感覚や空間が作られていったのだから。あのたくさんの文庫本たちは建築技師としてわたしの頭を訪れ、また去っていったのだ。次に来る時には、舞踏家としてあるいは哲学者としてやってくるかもしれない。年をとるに従って読書のスピードが落ちるのは、本に書かれていることが、もともと頭の中に入っている考えにぶつかって、簡単には入れないからなのだろう。それはそれでいい。ぶつかって、再検討され、読み直され、吸収されたり、跳ね返されたりする。

（「本は麻薬」）

そして彼女を育てた「建築技師」の多くは、翻訳文学だった。翻訳文学、特にロシア文学によって、「分かることと分からないことの共存する世界にどっぷり浸ることのできる贅沢を感じた」。その贅沢はすべての文学の前提となっている、言葉そのものの広大な宇宙がもたらすものだった。人は個々の言語を通じてしかその宇宙に接近することができないけれど、個々の言語の限定のむこうに無際限な広大さをもつ総体としての「言語」の宇宙があることは、いつしか知っているものだ。そこでは言葉を理解できるかどうかすら、問題にはならない。「いったいこの言葉は何なんだろうと驚くような言葉に出逢いたい。分からないことが星のようにキラキラちりばめられた空を旅してみたい」。異質なもの、異邦のもの、違法なものに対するこの好奇心と魅惑と関心は、彼女の読書の理論をそのまま翻訳の理論へと接合する。

言葉は翻訳されるとき、もともとの姿を失い、その言葉が語ろうとしていたであろう何かは息も絶え絶えになりつつ、別の言語に入ってゆく。するとその翻訳された先で、死にかけた言葉の何か（意味？　魂？）が変形されて、受け入れ言語に新鮮な生命を与えることがある。それは翻訳にたずさわる誰もがすでに知っていることに違いないのだが、うまく説明するのはむずかしい。翻訳の詩学は、まだまだ出生状態にある。しかし作家たちの中にはどのような理論化にも先立ってそんなメカニズムを自分の創作にとりいれている人たちがいて、多和田葉子は誰にも増してそうだ。彼女の文章の火花の多くが、翻訳という作業の現実の工程から飛び散っている。はっきりとそんな予感が、感触があるのだけれど、それは「ほら、ここに翻訳がある」というかたちの実態としては突き止めがたく、論じがたい。

創作と翻訳は、そもそもどんな関係にあるのだろう。脳が漠然と予感している何かを言葉によって造形してゆくときの作業と、すでに与えられた原文が別の言語に暴力的に移植されてゆくときの作業のあいだには、いったいどんな違いがあるのか。創作とは原文を欠いた翻訳、とどこかで聞いたようなことをいってみようか。言葉の実際の造形プロセス（彫刻のような、絵画のような）に関わる部分では、創作と翻訳に本質的な分離があるとは、ぼくには思えない。でもたしかに「芯」の部分が、すでに確固としたかたちのある原文として与えられているか想像の蜃気楼としてのみあるかでは、海の二つの岸辺のように事態が異なっているのかもしれない。

翻訳の詩学、翻訳によって生まれる何かの探究と明言化。ヒトの言語のはじまりが単一であったかどうかはともかく、いつのころからか人類は神話的に「バベル以後」と呼べるような言語の複数性によく気づき、自分がもっぱら用いる言葉（ごくごく限定された狭い範囲でしか通用しないこの言葉）が絶えず翻訳の波に洗われつつ諸言語の大海に浮かぶものであることを、意識するともなく意識していた。言語はどれも島のようなもので、その海岸線はつねに姿を変え、島の輪郭には他の島とくっついたり離れたりしている部分が必ずある。このメカニズムがもっとも明瞭に見えるようになるのは二言語間の翻訳の場合で、そこでは自然のプロセスというよりはあくまでも人為の努力、大胆な掘削や架橋や大きな石を並べる護岸工事や樹木の移植のような作業の積み重ねが、二つの島の関係を少しずつ変化させている。二言語で書く詩人や作家は、この工事の進行状況に敏感だ。かれらは工事の有効性を、効率や利便性によってではなく、美学によって測る。しかもかれらの美学とは生命の美学で、工事によって一言語の生命力が高揚し、稲妻のような強い電荷を帯びることを、何よりもよろこぶ。かれらにおいては創作の効果と翻訳の効果がかなりの程度まで一致し、見分けがつかなくなっている。

ジョヴァンニ・パスコリのことを考える。十九世紀末から二十世紀初頭にかけて活躍したこのイタリアの大詩人は、古典学者であり、ダンテ研究者であり、ボローニャ大学の文学教授だった（ソシュールがラテン詩人たちのアナグラムの「発見」について書き送り黙殺された相手の人物だといえば、その名を思い出す人もいるかもしれない）。彼はそれがすでに死語であることをよく知りつつ、ラテン語で詩を書いた（これがたとえば彼と同世代の漱石が漢詩を書くことと、はたしてどれだけの落差がある行為だったのかは、ぼくにはよくわからない）。興味深いのはジョルジオ・アガンベンが引用するパスコリの言葉だ。「詩人の言語とはつねに死んだ言語だ」とパスコリはいい、さらに「奇妙なことだ——死んだ言語が、思考により大きな生命を与えるために用いられるのだ」とつけくわえている。

死んだ言語（ギリシャ語であれラテン語であれ）は、現在流通している言語との隔たりの大きさをエネルギー源として、現在の言語に力を与える。しかしこの隔たりは通時的に存在する（ラテン語という古語がイタリア語という現代語に対してもつ距離として）だけではなく、同時代に共存する外国語とのあいだ（たとえばドイツ語とイタリア語のあいだ）にも同様に存在するものに違いない。厳密には、いずれの場合においても、語の単なる移植と翻訳を区別する必要があるのかもしれない。移植とはつまり、ラテン語の単語をそのままのかたちでイタリア語の文脈に埋めこんだり、日本語の文脈に見慣れない古典的な漢語を埋めこんだりして、衝撃効果を求める場合。翻訳とはその作業をさらに一歩すすめ語を土着の要素に置き換えるか、少なくとも粉飾をほどこして、あまりに目立った異邦性、異時代性を消そうとする操作のことだろう。だがここでいう移植と翻訳がはたして根本的に異なるものとなるのかどうかは、まるで翻訳と創作の区別のように危ういし、目立った効果が生じるのは語のレベルというよりもむしろ文のレベル、文章のレベルであることを思うと、二言語詩人、三言語詩人の心と手が何をどう使い分けて表現を生み出しているのかは、はたして分析的に考えるのが妥当なことなのかどうかさえわからなくなってくる。

二言語、三言語で書いた（あるいは少なくともそうした複数性を創作の母胎としていた）詩人たちは、枚挙にいとまがない。リルケ、パウル・ツェラン、フェルナンド・ペソア、イヴァン・ゴル、西脇順三郎、ジョゼフ・ブロツキー、あるいは他の誰でも。かれらの内面で起こっていることはうかがい知れないにせよ、確実にいえるのは、かれらの創作のプロセスのどこかに、一言語が死んでその死が別の一言語に新鮮な力を与える、という事態が関わっていることだ。たとえば西脇にとって、キーツがいなければ「覆された宝石」のような朝はなく、イヴァン・ゴルがいなければそもそも「恋歌」の果敢なモダニズム言語はなかった。いずれもオリジナルの生命が供犠に供され、翻訳された先の日本語という言語で別の肉体と生命を与えられて、その異様な異邦性が新たな環境で「詩」として感受されている。

アドルノはかつて、純粋ドイツ語のコミュニケーション上の透明性を声高に主張する者たちに反対して、外国語の単語の使用とそれに由来する不透明さを擁護したことがあった。言語における透明性が、じつは単一の権力がそのつど支配する空間の中でのみ成り立つ異常事態であり、複数の言語が対等の資格をもって混在する世界がもともとまだらに不透明なものであることは、不透明性（オパシテ）の思想家エドゥアール・グリッサンを同時代人としてもつ読者に対しては、改めて指摘するまでもないだろう。詩とは、一言語の現況に対して（たとえその当の言語に属する要素だけで書かれているときでさえ）異質な力として現れるものであり、その言語における発話の、まだ実現されたことのなかったかたちの組み替えとして、みずからを提示するものだ。詩にはコミュニケーション上の透明さは必要なく、読者の注意をひきつけ続けるだけの予想のつかない不透明さが求められる。詩は自国語の中に異邦を拓こうとし、そのためにはあらゆる資源を総動員するが、外国語の使用、あるいはその直訳的移植は、そのもっとも効果的な、そしてときにはあまりにレディ＝メイドな、手法なのだった。

多和田葉子の作品中で、翻訳と創作のあいだの差異と抗争を直接に扱っているのは『アルファベットの傷口』（一九九三年）だろう。のちに『文字移植』と改題され、河出文庫に収められている。翻訳にたずさわる人間にとっては他に得難い、奇妙な魅力のある中編だ。

話者の女性「わたし」はカナリア諸島に滞在し、聖ゲオルクとお姫様とドラゴンをめぐる短編を翻訳しようとしている。しかし翻訳はうまくゆかず、翻訳者は日本語に収まらない日本語を書きつつ、ずっととまどっている。彼女はまた友人のゲオルクが島にやってくるのを待ってもいるのだが、彼はいつまでもこない。すべては曖昧なまま、つじつまの合わない雰囲気のままで進行する。そのよくわからない物語の流れに埋めこまれたかたちで、翻訳と創作の違い、またアルファベット言語と日本語のあいだの文字の知覚の差異をめぐる考察が、とぎれとぎれに語られる。

「わたし」が訳している話に、編集者はあまり興味をもたない。ドラゴン退治の伝説だというと、それは現代風にしてあるのだろう、「こう言うのも何ですがフェミニズムの時代ですからねえ」という。これに「わたし」はまるで侮辱でも受けたように、あわてて反駁する。「書き替えるだけで簡単に解決してしまうのは嫌いですから。だからこそわたしは書き替えることでなくて翻訳することを職業に選んだんじゃないですか」と。編集者は納得せず「それで何がいったい面白いんですか」とたずねる。「そう言われて反射的に〈ぬっと出てくるものがあるんです。〉と場違いに情熱的に答えてしまったわたしは後には退けなくなってしまった」（41ページ、傍点は原文のママ）。

何かが唐突に出現する。何か、これまでに見たことのないものが。言語の表面において そんな事態が生じることこそ、翻訳における詩の創成であり、それは意味の移送という水準を超えて、すでに創作と区別がつかない。というよりもむしろ、その地点から見ると「創作」という顔をしている文章の多くが、そんな出現には手が届かない、単なる衣装替えのようなものにしか思えなくなるのかもしれない。別のところで、「わたし」は小説家の友人から、翻訳なんかやめて自分で小説を書いてみたら、といわれる。翻訳家なんて芸術家のうちに入らない、のだそうだ。「でもわたしは小説なんか書きたくない。わたしは翻訳がしたいのであって小説家になれなかったから翻訳をしているわけではない」（68ページ）。そこに賭けられているもの、「わたし」が望んでいるものは、いったい何なのか。それはよくわからないが、翻訳が少なくとも複数の他者を前提とする行為であることはたしかだ。原作者と、未来の読者と。「少なくとも作者から何かを受け止めているという実感があった。それに受け止めたものを投げ返していないわけでもなかった。ただどこへ向かって何を投げているのかがよく分からないだけだった」（76ページ）。こんな風に一端がひらいたままになっている回路の中で、翻訳という、待機にも似た作業がつづく。

ことにおもしろいのが、郵便局員との対話だ。郵便局とは、やがて原稿が完成すればそれを発送することで作業を終わらせ、人生の時間を区切ることができる場になる。そこは島の外の世界に通じ、進行する翻訳という未定型の状態にじっと耐える日々に、公式に別れを告げることのできる場だ。翻訳が外国語と母語のあいだの茶褐色の荒野でのさまよいだとしたら、郵便局は約束されたオアシスの到着点。そこでは言葉はふたたび行き先別に分類され、発送されてゆくばかり（たとえば「ドイツ」と「日本」の中間にこの手紙を届けてくれ、といったファンタスティックな依頼は聞き入れられるはずがない）。「わたし」にとって、そこは終わりなき翻訳の作業を中断できる、やすらぎの場所、お気に入りの場所になる。

〈翻訳は大変でしょう。〉

郵便局員がそんなことを言うのでわたしはつい余計なことをしゃべってしまった。

〈ええ。肌が弱いので。アレルギー体質なんです。〉

〈それは珍しくもなんともありませんよ。〉

〈わたしもいつもそう言っているんです。〉

〈世の中には決して他の言葉に翻訳されない本というのもありますか。〉

〈ええ。それは世の中のほとんどの本がそうでしょう。〉

〈翻訳しか残っていない本もありますか。昔の本で。〉

〈ええ。原本が消失して翻訳しか残っていない本もあります。〉

〈翻訳しか残っていないのにどうしてそれが原本ではないと分かるんですか。〉

〈それは誰でもすぐ分かりますよ。翻訳というのはそれ自体がひとつの言語のようなものですから。何かバラバラと小石が降ってくるような感じがするんで分かるんです。〉

〈海へは行かない方がいいですよ。〉


（『文字移植』82―83ページ）

すばらしい一節だ。翻訳という作業の究極の秘密を、正確に明かしている。翻訳はどうがんばってみても不自然な結果しか生み出すことができない。ただしその不自然さは、あくまでも自然現象の中に住みこみ、そこにありえないねじれをもたらすような種類の不自然さだ。人工物の、人為の不自然さではなく、自然言語の猛烈な整序の力にねじふせられて自然と見分けがつかなくなり、半信半疑ながら誰もが受け入れてしまうような不自然さ。それは自然言語にとっての宿り木、発芽する肉、ゆっくりと成長する鍾乳石で、見慣れないものとして不意に現れ、やがて人々はその存在に慣れてしまうのだが、どこかに越えられない一線があって、ザラザラとした手触りや、異臭や、できの悪い音響が残っている。翻訳という作業のあいだに唐突に出現した何かの痕跡は、消そうと思って消せるものではなく、一言語において翻訳者に使える言葉と読者が期待できる言葉の既成のレパートリーの秩序が、それによって打撃をうけ、攪乱（かくらん）される。それが当の言語の変形の瞬間であり、翻訳は少なくともそうした変形の瞬間を、創作の場合よりもずっと正確に標定して見せてくれるのだ。

『文字移植』における時間の停滞は、おそらく翻訳という作業そのものが、物語的に時間に沿って展開する性格のものではなく、ただ言語と言語のあいだのある地帯（多和田葉子ならZwischenraum と呼ぶような）をそれがさししめすという空間的性格をもつことから来ているのではないかと思う。こうした空間的な配置は、それ自体としては物語化＝時間化することができない。だったら物語作家はそれにどう対処するか。

しめきりがなければ翻訳はできない、とはあらゆる翻訳者が実践的に思い知らされることで、そのせいで『文字移植』は海へむかってどんどん坂を駆け下りることで終わりを演じるしかなかった。創作においては、小説や自由詩ならそのナラティヴの要請により、定型詩ならその形式の要請により、終わりはあるとき確実にもたらされる。しかしその小説の翻訳や詩の翻訳は翻訳という行為が中間地帯の彷徨にかかわる以上作業としては終わりようがなく、一方で訳している作品の終わりを模倣するかたちで（さあ、いよいよ最後の行まで来てしまった）、他方では時間の限定に屈服するかたちで（ああ、しめきりだ、もうあきらめよう）人はその中間地帯から出てゆくにすぎない。だが、どこに出ていくのか。本当に出てゆく先はあるのか。

他者が書いたテクストを翻訳する人を翻訳者と呼ぶことで、『文字移植』の世界は翻訳と創作、翻訳者と作家のあいだの差異と抗争を物語化してみせた。けれどもそれを書いた多和田自身は作家であり、作家でありつつ言語と言語の中間地帯（翻訳の地帯）につねに出たり入ったりをくりかえしている。そう思うと創作と翻訳の違いを論じようとするのはじつは誤った問いの立て方であって、ある統一的な詩学（創造の論理の意識化）という展望のもとに両者を見ることのほうがもっともだという気にもなってくる。第一、言葉は必ず壊れつつ新しい生命を得るものだという観点からするならば、「創作という壊し」と「翻訳という壊し」には、あえて区別する必要もないだけの連続性があるのではないだろうか。

二〇〇三年に出版された『エクソフォニー』は、実践的な「翻訳の詩学」の本として、すでに古典としての地位を約束されていると思う。エクソフォニーとは自分の母語の外で、元来所属を約束されているわけではない言語を話したり書いたりして実践することを意味している。もっともその「外の言語」にもそれぞれ安定した秩序があり正統的な使用法はどこにでもあるわけで、それ自体は文学でもなんでもない。文学がむしろ言語の「壊し」に深く関わっている以上、エクソフォニーの文学的な核心はex-という接頭辞がしめす「外へ」の動きに潜んでいると考えるべきだろう。

言語の文学的な使用法とは、絶えず既定の言語の輪郭を内破させ、ひょっとしたら「魂」みたいなものが閉じこめられているかもしれない音と文字の壺を内側から破壊することにかかっている。だがときには壺の存在にすら拘泥(こうでい)せずふらふらとさまよい出した羽虫であるわれわれが、別の壺を次々と気ままに訪れては、他にはありえなかったかたちの個人的な言語のブリコラージュを実現してしまうこともある。多和田葉子は書いていた。

> 文学を書くということは、いつも耳から入ってきている言葉をなんとなく繋ぎ合わせて繰り返すことの逆で、言語の可能性とぎりぎりまで向かい合うということだ。そうすると、記憶の痕跡がたくさん活性化され、古い層である母語が今使っている言語をデフォルメするのかもしれない。

だから自分がこれだと思うドイツ語のリズムを探して文章を作り、それを朗読する時には、いわゆる自然そうな日常ドイツ語からは離れる。ドイツ語として聞いていて大変聞き取りやすいとはよく言われるが、それでもどこか「普通」ではない。それはまず何より、わたしという個体がこの多言語世界で吸収してきた音の集積である。ここでなまりや癖をなくそうとすることには意味がない。むしろ、現代では、一人の人間というのは、複数の言語がお互いに変形を強いながら共存している場所であり、その共存と歪みそのものを無くそうとすることには意味がない。むしろ、なまりそのものの結果を追求していくことが文学創造にとって意味を持ちはじめるかもしれない。

（『エクソフォニー』78ページ）

個人的な訛（なま）り、個人言語（イディオレクト）の育成は、われわれの誰もが個別にとりくんでいる個体化の行程の、大きな指標だ。われ訛る、ゆえに、われあり。きみの訛りを聞かせてくれ、そうすれば、きみがどんな人物かを当ててみせよう。私の訛りには、私が通過してきたすべての土地が宿る。そして文学が類型の反復に対する反抗、個体化の冒険だとしたら、きみのその訛りこそがきみにとっての創造の素材であり、根拠であり、逃れようのない唯一の武器ともなる。

現代のエグジログラフィー（移民、亡命の経験から生まれる文学）の作家たちにとって、これは共通した認識だ。国境を越え、海と言語をわたり、多言語が共存する社会を生きる中で、自分が体験してきた「音の集積」を反転させ、あるときから創造のために使用する。こうしてさまざまな個人言語でつむがれる、流浪を主題かモチーフとする多くの文章は、必然的にオムニフォン文学としての性格を帯びる。オムニフォン（「すべての言語で話す」という意味の形容詞）とは、すなわちどのような一言語をとってもそこにはつねにすでに他の多くの言語が響きわたっているという意識のことだ。たとえばハワイ・クレオール英語と呼ばれる統一体に、アイルランド訛りの英語や、アソレス諸島やカーボ・ベルデのポルトガル語や、プエルト・リコのスペイン語や、もちろんハワイ語やサモア語やタヒチ語や、和歌山弁や広島弁や、朝鮮語や、沖縄語や済州（チェジュ）語や、広東語や福建語や、タガログ語やイロカノ語やビサヤ語が響きわたっているように。そしてこうしたオムニフォンの網の目に私の訛りとそこから生まれた私の記述が新たに貢献するとき、そこにはすでに翻訳という手続きが、決定的なステップとして関わっている。

　しかし、小さな言語で書かれた文学はほとんどの人には読めないわけだから、多くの人の読める言語に訳されることになる。すると、滅びかけた語彙、思考のリズム、語り口、映像、神話などが、翻訳という形で大きな言語の中に「亡命」

し、そこに、ずれ、ゆがみ、戸惑い、揺れ、などを引き起こすことになる。これほど文学にとって刺激的なことはない。だから翻訳文学は、大きな言語を変身させる役割も果たす。（89ページ）

この場合も、「小さな言語で書かれた文学」が「翻訳」というかたちをとって移住してゆくのか、それとも「小さな言語で生きられた暮らし」を背景として移住者による新たな「創作」が書かれるのかは、ある途方もない経験の波動が読者のもとに届くにあたっての、本質的な違いにはならないだろう。そして個人言語という究極の「小さな言語」のところまで話がゆけば、それはふたたびただ単純に「文学」というぽっかりとひらけた広大さの経験にまで送り出されて、ひとりひとりの「私」が流浪のうちに重なりあうどのような大小の共同性とどのような関係をむすびつつどのような訛りを育てながら生きているのかという根源的なメカニズムのことが、またもや気になってくる。

要約しておこう。「エクソフォニー」とは外の言語で書くという実践、「オムニフォン」とは一言語に浸透する世界の響きを聴きとろうとする意識のことだ。いずれも「エグジログラフィー」として現実に書かれる一群の文章に深く関わり、それは現代世界文学の広大な風景の重要な一部をしめ、移動と混住が全般化した現代世界において意識の「共有場（リュー・コマン）」を拓くことを、その仕事の大きな目標としている。
こうしたすべては翻訳の問題であり、同時に、創作の問題だ。

視線の教育をめぐって。空であれ海であれ旅には乗り物がつきものだし乗れば酔うのは当たり前。ましてや陸路で、悪路なら。モーターサイクルやバスやトラックで遠い道を行くのなら。上野清士『南のポリティカ』（ラティーナ、二〇〇四年）を読み終えてまず覚えるのは途方もない距離を移動したとき独特のずっしり重い疲労感であり、同時にそんなときにだけ生まれるまるで「目が変わった」ような感覚だ。光に対する感覚が鋭敏になり事物の輪郭が異様に鮮やかになる。何を学んだと自信をもっていえるわけでもないのに、自分と世界の関係が不可逆的に変わってしまったと感じる。ことばでいえば「世界」と誰もが平気で口にするこの捉えようのない絶望的に巨大な全体が、胸をつく悲哀と蜂鳥の羽根のようにきらびやかな色彩をもって迫ってくる。もちろん錯覚に過ぎないのだろう。けれども認識とは発見と誤謬（ごびゅう）と修正を重ねるうちに落書きや小刀の傷が無数の層をなす古い中学校の木の机の表面のようにできあがってくるもので、その歩みには肉体への負荷がなくてすむはずがない。

グアテマラで六年、メキシコで六年。それぞれを拠点に中南米全域を動きながら、各地でなんらかの事件や状況をきっかけに露呈する「世界」のグロテスクな残忍さにみちた構造と現在の構造化へとゆきついた過去の歴史（十年単位の、百年単位の）をつきとめ考えることは、いうまでもなく上野清士にとっても大きな自己教育の過程だったろう。ここに収録された三十七編の時事エッセーは、彼のまなざしが見た光景とその背後を語るのみならず、東アジアの島国に生まれその社会の閉ざされた無意識を知らず知らずのうちに身につけてしまったすべてのわれわれに宛てられた視線の教育プロセスをめぐる方法論でもある。

「世の不条理を胸底に沈殿させる」ことを「ゲバラが日本の若者に遺贈する視線」に託して著者は語る。とりあげられた土地は、事態は、日本語日本人の日ごろの生活感覚にはぴんと来ないものも多いだろう。だが世界は「そうしたみえにくい小国の営みすべてを歯車の凹凸としつつ回っている」。すでに現実に惑星化した市場や金融網は、すべての瞬間において、「北」の日常生活からの圧力を「南」の日常生活にもその基盤をなす生態系にも反響させているのだ。

世界のどんなに小さな場所をとってもすでにそこは世界の他の多くの場所とむすばれ、巨大な関係の錯綜体をなしている。無力を嘆くのは感傷主義にすぎない。まず視線が、出発を望んでいた。

Relevanceの接ぎ木。出会いは偶然だった。ある夏、ホノルルの書店でタイトルに惹かれて手にとった、エイミー・ベンダーの最初の短編集『燃えるスカートの少女』。ちょっと立ち読みをはじめてたちまちそこにひろがる並行世界に引きこまれ、結局それを翻訳することになった経緯は、その本の「訳者あとがき」に記したとおり。幸運で幸福な体験だった。

本との出会いに、いろんな枠組や予断が介入しないことがないのは、現代の困ったところだ。本もまた商品のひとつである以上、仕方がないことなのかもしれない。生身の人との出会いが、やはり十中八九は数々の周辺的知識や噂の雲につつまれていることを思えば、本でも人でも感動的な「無垢の出会い」が非常にむずかしいことは、いまさらいうまでもない。でもたとえば「現代アメリカでもっとも注目される若手女性作家のひとり」といった形容を抜きにして、「聞いたこともない作家の聞いたこともない作品」としてある本を知ることには、新鮮な発見のよろこびがある。そんな本がいつしか自分にとって決定的な存在に変わっていくプロセスには、きわだった楽しみがある。

一般に流通する評価は、どうでもいい。ぼくにとってエイミーは、比べられる相手のいない唯一独自のエイミーになった。彼女の二冊目の本、初の長編である『私自身の見えない徴』を訳し終えたいま、いっそうそう思う。この強烈な世界。軽く明るく語られる、あまりにも重い悲嘆にみちた世界。

語り手はモナ・グレイ。まだまだ「少女」の段階を終えていない二十歳になったばかりの彼女が、小学校に算数教師として勤務しはじめる。小説は彼女と小学校二年生のクラスの子供たち、とりわけ「青いガラスの病院」に母親が末期癌で入院しているリサとの交流を描き、また腕じゅうに薬品による火傷痕がある理科の先生との恋愛を描く。というと『二十四の瞳』的ほのぼの世界を思い浮かべられるかもしれないが、ぜんぜんそうではない。モナはおびえつつ、小さな町に閉じこめられている。彼女をおびやかしているのは皮膚科の医師である彼女の父親の、原因不明の衰え。町の観光案内所を経営する母親との、微妙な緊張感のある関係。そしてもともとモナの数学の先生で、いまでは町で唯一の金物店の経営者となった風変わりな隣人ジョーンズさんとの、無視と承認のあいだで激しく揺れ動く奇妙な関係だ。ベンダー独特のそっけない文体でおとぎ話のようにはじまる小説は、楽しくおかしく小学校宇宙のスラップスティックとして進行するうちに、どんどん生地の目がつんでくる。緊密さが増してくる。

『精神の生態学』の思想家グレゴリー・ベイトソンは、「物語」を「われわれが関連性 relevance と呼ぶような連結の、小さな結び目ないしは複合」だと定義していた。つまり、通常の因果関係とか、あらかじめ決まった意味的連関だけではなく、どんなものにせよある何かと何かがどこかしらつながっていると思えるとき、「私」が感じとってしまったその「つながり」を人に話そうとするとき生まれるのが「物語」だということだろう。この観点から見るならば、小説とは出発点にあった文にどんどん relevance が接ぎ木されてゆき、途方もない森になったものだ。そして増殖した言葉の森に迷ううち、やがて思いもよらなかった呼応関係が突然浮かび上がってくるところに、小説の最大の教えがある。

ベンダーのこの長編の場合、さきほど「緊密さが増してくる」といったのは、まさにそんな関連性の増殖をさしている。それがモナ的世界の成り立ちを教える。彼女はいろいろな数字に過剰な意味を見出してしまい、それにおびやかされる（「私にはマジック・ナンバーというものがない」といったジャック・ラカンとは正反対の、数字に対する態度だ）。おびやかされた気持ちを解消するために、ひたすら木をこんこんとノックしつづける（この魔術的な解決策以外にモナは不安と戦う方法をまだ知らない）。そんなモナの姿が人ごととは思えなくなるのは彼女が教え子リサの姿に自分自身の生との関連をはっきりと見抜くからで、すると二人が共有する不安や問いや耐えがたさを、読者であるわれわれもすでに共有していたことに気づくことになる。

そこで、小説の序章として置かれた「お話」の重みがわかる。あるところに永遠の生への秘密を手に入れた王国があった。ほっとけば誰も死なないので、人口が過剰になる。王さまの布告により各家庭ひとりずつの犠牲者を選び、処刑するか、追放することになった。みんな泣く泣くそれにしたがうが、ある家族は別の解決策を思いつく。家族全員がそれぞれ腕、脚、耳、鼻といった部品を差し出し、みんなで一人分を犠牲にするというのだ。全員がそれぞれに、欠如をかかえて生きてゆく決意。これはモナの十歳の誕生日に父親がしてくれたお話なのだが、小説の結末ではこんどはモナがリサにむかって、そのお話を彼女の立場から語り直す。どんなアレンジが加えられるかは、ここではいえない。この二つのヴァージョンのあいだにあるものが、結局この小説の「意味」だということになるだろう。

それは深い悲しみをたたえているが、同時に希望を与えてもくれる。ふりかえって見るならば、『燃えるスカートの少女』の中の短編では、傑作「癒す人」の世界がはっきりとこの長編とつながっていることがわかる。つながっているといっても、それはよく似た隣町での出来事といった感じの、いわば地理的な類似。でもそこにある relevance の感覚はまぎれもない。

ところで『燃えるスカートの少女』に対しては、思いがけないうれしい反応がいくつもあったが、そのひとつはある美術大学の未知の学生の場合だった。彼女は卒業制作の主題にこの本を選び、抜き出した断章をちりばめて素敵なアーティスト・ブックを作り、作者と訳者に贈ってくれたのだ。またあるときはいろんなアディクションに苦しむ人たちを支えるグループの集まりで、頼まれて「癒す人」を朗読したことがあった。そのときの反応も、しずかにいつまでも反響する、深い鐘の音を思わせた。こうしてエイミーの作品を「自分の物語」として受けとめてくれる人たちがいる。訳者であるぼくは別に何をしたわけでもないけれど、そんな風に作者から読者へと何かが確実に伝わってゆくのを目の当たりにすると、改めて目をぱちぱちさせて驚き、改めて出会いの偶然に感謝したくなるのだった。

潮を打つように本を読みたい。「潮を打ちにいくよ」といって家を出ることがよくあった。海辺の町なら散歩がてら海岸に出て、気持ちよく湿った潮風をただちに胸いっぱい吸いこむことができる。でもアリゾナの砂漠に住んでいたときには、明け方に決意してから車を六時間も走らせて、やっと太平洋の岸辺が見えてくる。すっかり疲れはてているのだけれど、それだけに海の香りはいっそう濃密に甘く、鼻腔（びこう）と舌をさす冷たい潮は心を覚醒させた。そんな海岸で、日没まで本を読んだ。「潮を打つ」というのは salt hit という英語から勝手に作った言い方。しばらく海の風と波と光から遠ざかっていると、耐えがたい渇望に襲われる。そして海の塩が生きることには欠かせないように、思いがけない言葉の塩も新鮮な気持ちのためには欠かせない。小さな一冊の本に飛びこむことは、シャツを脱ぎ捨てて海に飛びこむのとおなじ冒険だった。二つの冒険を同時に味わうために、いつも何かしらの本をもっているのは、自然な動物的習性だった。

そのために便利なのは文庫や新書だ。ジーンズのお尻のポケットの、片方には財布、片方には本一冊。これで手ぶらでどこまでも歩いてゆける。新書というサイズがぼくは好きで、ちょっと背が高いそれが何冊も机の上に積まれているのは、高校生のころからの習慣だった。積まれた本は、森のはじまりだ。日本列島は広大な森を失ってきたが、その代わりにいまではたくさんの新書の森が言葉をしげらせ、香しい微風の吹きわたる木陰を作っている。索漠とした都市に巣くう小動物であるわれわれは、この森を伝って、ひそかなネットワークを作ることができる。はじまりはほんの数冊、でもそれはたちまち「世界像」を変える。葉叢（はむら）のざわめきからぼくらは鳥のように飛び立ち、別の森を発見しつづける。

それは新書の性格の一部だ。新書は一冊では完結しない。小鳥たちが群れ集うように、どんどん机にたまってくる。積み重ねられた数冊が、以前は思いもよらなかった世界の新しい姿を、まざまざと見せてくれる。「教養」とは、そのときその場にないものをどれだけゆたかに呼び覚ますことができるか、人が見落としがちな隠された連関をどれだけ細心に見抜くことができるかにかかっている。そんな自分だけの教養を培うのに、新書の読書はもっとも確実な手段だろう。そして日本語という土壌に育つゆたかな新書の森の中でも、白水社の二つのシリーズは異彩を放っている。

文庫クセジュはフランスの「大学出版局」が一九四一年にはじめたシリーズで、当初は「百科全書」の精神に立ち、千冊で完結するものとして構想されていた。そこには主題主義とでも呼べる姿勢が貫かれていて、日本とは当然異なった、フランスからの世界の見え方がよく反映されている。歴史・地理関係に話を限っても、たとえば『バスク人』『ラングドックの歴史』『カルタゴ』『コルシカ島』『コモロ諸島』など、われわれの列島の視界にはなかなか入ってこないテーマが目白押しだ。およそ思っても見なかった主題の一冊を繙(ひもと)いてみることには、見知らぬ街路を曲がるといきなり別の時空に出てしまったような、すばらしい高揚感がある。クセジュの本は、日本語が自明のものとしている「世界」の輪郭を打ち砕いてくれる。独特な広さ。翻訳という営みが大前提としている「ひとつの言語だけでは世界を理解することができない」という真実が、こうして浮上する。

おなじことはUブックスについてもいえる。ぼくらの世代の者にとっては白水社というと外国文学、とりわけロマンス諸語圏や演劇関係が強いというイメージがある。学生のころ親しんだいくつかの本が、新書という新たな衣装をまとって並んでいるのを見ると、古い友達にばったり会ったみたいだ。やあ、小田島シェイクスピアくん、チェホフくん。『ナジャ』さん、『イレーヌ』さん。南米ならボルヘスの『不死の人』がありプイグの『ブエノスアイレス事件』がある。イタリアならアントニオ・タブッキ。翻訳物以外では、多田智満子や池澤夏樹、沼野充義や柴田元幸や堀江敏幸といった、練達の「世界文学」の読み手たちの馥郁(ふくいく)たるエッセー群が読める。こうした読書は勇気を与える。いますぐ部屋を出て、刻々と変わる風景の中をどこまでも歩いてゆくための勇気だ。

潮を打つように本を読みたいと、ぼくはいつも思ってきた。世界にむきあい世界に覚醒するための読書、遠くを見て遠い声を聴き遠くを知るための読書をしたい。文庫クセジュとUブックスの、ほっそりした物しずかな本たちは、何処をめざすどんな旅にだってつきあってくれるだろう。

珊瑚礁とフィクション。言語は不在物をさししめす。その場にないものを心に浮かばせる言語のおかげで、ヒトという種の行動範囲と破壊力がまったく別の次元に移行したことは、疑いようもない。

でも言語のそもそもの起源においては、不在物を指示する以前に、その場で共有された対象を名づける段階があったはずだ。一緒に海を見つめそれを「うみ」と呼ぶこと。その合意が成立したからこそ、それ以後は不在の海について語ることができた（『百年の孤独』のマコンドでも、はじめ人々はいちいち物を指さしながら話をした）。「火事だ！」でも「鯨だ！」でもいいが、基本的な実物指示の文では、文の真偽はただちに明らかになる。そこにフィクションがつけいる余地はない。フィクションとは、対象物を指示せずにはいない言語の性質を巧みに利用しつつ、その真偽の判断をひたすら遅らせてゆくところに生じるものだ。読者は語られたことを信じ、自分の身のまわりのいわゆる現実以外のどこかに、「その物語」が真である場所があると考える。

ところが厄介なのは、徹底して実物指示として書かれながらも、「その場」で真偽を判定できないために限りなくフィクションに近いものとして受けとめられる文章の場合だ。たとえば地球温暖化や地球人口の途方もない爆発といった惑星規模の問題は、それをどう語ろうともひとりの個人がその場で背負えるものではない。人は真偽の判定の無限定の遅れに耐えながら、ある時点でフィクションと事実記述のあいだの溝を跳びこえなくてはならない。

それは決断に似ている。その跳躍に倫理が問われる。エコロジカルな思想は「地球」全体を相手どらざるをえないために、否応なくフィクションに似てしまう。海水温の上昇により死滅する珊瑚礁を語る言葉が、文学批評の問題となるのには、こんな理由もある。

二〇〇六年六月十六日（金）　本が読めない理由には三つある。その本が手元にないこと。読む時間がないこと。読めない言葉で書かれていること。いまは時間がなくて読めないことが多い。

この春日本に帰ってきてからジェイムズ・ジョイスを読み直そうと、四月に『ダブリンの人々』、五月に『若き芸術家の肖像』を、かなり丁寧に再読した。それからにわかに忙しくなって『ユリシーズ』にとりかかれないまま「ブルームの日」を迎えてしまい、ひとりさびしく缶ギネスで乾杯。これでは気分が出ないが、今年は仕方ない。というわけで机の左隅にはジョイスのペーパーバックが四冊。右隅には分厚い日本語の本が二冊。檀原照和『ヴードゥー大全』（夏目書房）と石橋純『太鼓歌に耳をかせ』（松籟社）だ。

音楽と踊りの世界では二十世紀を通じてアフリカが最終的勝利を収めたが、前者はアフロ＝アメリカ文化の霊的背景をなす混淆（こんこう）宗教の全体像を、舞踏家が独力で描き出そうとするもの。気取らない文体でぐんぐん対象に迫る、必読の入門書だ。後者はベネズエラに長く住んだ文化人類学者による、重厚にしてライヴ感覚にあふれたアフロ系民衆文化の研究書。感動的な労作。その背後に流れる音を聴きとることが、読者としての宿題になりそう。それにしてもわれわれが「世界」と呼ぶものに、アフリカはどれほど大きな贈りものを与えていることだろう！

七月十一日（火）　世界杯のおかげで、学期末だというのに学生たちがみんな睡眠不足。サッカー知らずのぼくもそのペースについ巻き込まれていたけれど、昨日の朝、ジダンの衝撃の退場でお祭りが終わった。

それにしてもフランス・チームは「黒」かった。きょうは渋谷でフランスのヒップホップ舞踊団、ブラック・ブラン・ブールの公演。名前自体が「黒人、白人、アラブ系」を意味する混成ぶり。幕間に突然ロイター通信のインタビューを受ける。共演したドイツや日本のストリート・ダンサーたちがすばらしい。もとはたしかに「アフリカ的」だった身ぶりが、アレンジされ、鍛えられ、爆発的な自由度を獲得している。

やるじゃないか、白人も黄人も。

帰ってから今年の春先に出た「現代思想」増刊号『フランス暴動』(青土社)や陣野俊史『フランス暴動——移民法とラップ・フランセ』(河出書房新社)をあちこち拾い読み。後者では、著者は主題を「対岸の火事」をめぐるただの知識にしないよう、周到に気遣っている。踊りも音楽も舞台上の鑑賞対象にはしたくないと、ぼくも改めて思う。でもどうすれば?


七月二十日(木) 写真家・畠山直哉の新作展を見にゆく。ヴィンテージ・ハタケヤマというべき、力強い写真群。離合集散をくりかえす人工物の世界もすべて自然のプロセスの一環なのだという主張が、無言のうちに語られている。浜町の方にわたる橋の上で、しばらくたたずんでから帰る。

細かい作業がたまっていて、机にむかっているとどうしても飽きてくる。特に、東京そのものに飽きてくるので、いろいろ写真的な本を見て逃避を図る。濱田康作の写真集『奄美——太古のささやき』(毎日新聞社)。奄美大島の風光と動植物を丁寧に撮影したもので、アンダーステイトメントの極致。それが胸を打つ。濱田さんはちょうど茅場町(かやばちょう)で個展を開いていて、そこには吉増剛造やル・クレジオといった人たちの奄美での姿を二重露光で捉えた印象的なポートレートがいくつもあった。なかでも圧倒されるのはアレクサンドル・ソクーロフのそれ。無骨なロシア人映画監督の「魂」が写っているという気になる。

今日は財布に四千円しか持っていなかったのに、三千八百円をはたいて山田英春『巨石——イギリス・アイルランドの古代を歩く』（早川書房）を買ってしまった。最高！　各地に点在するストーンヘンジやドルメンなどの巨石遺物を訪ね歩く。美しくものしずかな緑の島に、ばらまかれた謎。自分ではとても行けないが、この夏はこの本に救いを求めようか。

写真と文で旅と土地と人々を語る形式がぼくは好きで、たったいまも机上には、みやこうせい『ルーマニア——人・酒・歌』（東京書籍）があり、小松義夫『世界の不思議な家を訪ねて』（角川oneテーマ21）がある。特に後者は、すべての中高生にぜひ勧めたいおもしろさ。

八月六日（日）　カリフォルニアの小説家エイミー・ベンダー（『燃えるスカートの少女』『私自身の見えない徴』いずれも角川書店）が遊びにきているので、一緒にセネガルのスーパースター、ユッスー・ンドゥールのコンサートにゆく。エイミーは浴衣姿で、ぼくらは前から二列目。音が鳴り始めるとたんに東京在住のセネガル人全員が舞台前で踊り出し、あとは狂熱のダンス・パーティーになってしまった。その上を響き抜ける、ユッスのきらびやかな声がすばらしい。

深夜に帰宅し、並行して読んでいる二作品をまた少し読み継ぐ。崎山多美『ゆらてぃくゆりてぃく』（講談社）と工藤正廣『TSUGARU』（未知谷）。西表島（いりおもてじま）出身の作者による前者は、ナレーションこそ標準語だが台詞は「保多良ジマ」方言で書かれ、「津軽語」を母語とする作者による後者は全文がその言葉の表記の可能性を手探りしながら書かれている。残念ながら、文字を見て音を正しく呼び覚ますことはぼくにはできないけれど、どちらも心してむかうべき、貴重な作品だと思う。

夏はあいかわらず暑い、眠れない。それでもこんな風にしてアイルランドやアフリカに救いをもとめつつ、沖縄や青森から打ち寄せる波に「標準日本語」の輪郭が溶けてゆく風景を探すのが、どうやらぼくにとっての読書の海岸なのかもしれない。

惑星の波について。追憶はとても悪いよ、とベイジルが言った。ぼくらはアラバマの大学生だった。過去なんてつまらない、過去なんて古くさい、思い出なんて興味がない。おれに興味があるのは現在がどう未来につながっていくかだけさ、とベイジルは言っていた。その言葉を、二十五年後に思い出している。思い出したって何の役にも立たないのだから、彼の判断は正しかったわけだ。ベイジルはジョージア州沿岸部出身で、その肌は燻製の牡蠣（かき）の色をしていた。ベイジルの未来がそこからどうつながっていったのか、ぼくは知らない。

　アメリカの大学で教えている年長の友人がいつか言っていた冗談を思い出す。新学年がはじまる九月、キャンパスに親子連れがたくさん来るんだよ。新入生の女の子たちと、その母親たち。ちょっとだけおしゃれをして、にこにこと笑顔で歩いているそんな母娘を見るのは、いいもんだよ。こっちも明るい気持ちになる。そしてある年、愕然（がくぜん）とするわけさ。いつのまにか、娘たちではなく母親のほうをかわいいと思っている自分に気がついて。そのとき、おれは自分が中年になったことを悟ったね。笑うだろ、でもいずれ、おまえもそうなるよ。大学でおなじような毎年を循環させているうちにね。

　ぼくが愕然としたのは、ある年の夏の夕方、新宿駅のプラットフォームでのことだった。その日はツトムの命日で、ツトムは二十歳で死んだ。その夏、ぼくは四十歳になり、そうして新宿駅の夕方に立ちつくしているだけで、二十年の歳月はたちまち蒸発するように思えた。死んでいるツトムのかたわらで、ぼくとジュディは一晩中ディランの『プラネット・ウェイヴス』をくりかえしかけた。粘っこい音のカセットテープを、何度もひっくりかえして。ツトムのためのグラスの氷が溶けてしまうたびに、ジュディは新しい氷を入れて、新しいコーラを注いだ。そのジュディとも、やがて二度と会うことはなくなった。

今年の夏の終わりには、新宿駅で、ぼくは流氷が押し寄せる海を想像している。あの奇跡的な地形のサロマ湖の、海と湖を隔てる美しい砂州（さす）が白く雪をまとい、北という方位がそのまま押し寄せてくるような氷塊を、そこでせきとめている。オホーツク海は力強いざわめきにみちて、年ごとのサイクルを更新している。その風景をぼくは知らない、想像しているだけ。その無言の冬によって、この夏の終わりを生きている。追憶は、人生には、たぶん修辞学的にしか役立たないと思うようになっている。

ラグーンと干潟。 奇妙な光景だ、海はどこへ行ったのだろう。海岸が妖しいほど広くなり、茶緑色の平坦な泥が遠くつづくばかりで、傾いだ小舟が何艘（そう）も置き去りにされている。視線を上げてみても、冷たいエメラルド色の水のきらめく縁が見えるのは、ようやく二キロも先になってのこと。その上に薄紫の空がひろがり、カモメたちが飛び、雲がいくつもの群れとなってすごい速さで頭上を通過してゆく。雲が通るたびに視界が暗くなり、心に不安がよぎり、また陽光がさしかけると心の翳（かげ）りも消えて、ただぽかんとした不思議さの印象が同心円状にひろがる。

海辺に慣れていない、ただそれだけのことなのか。遠浅の海が引き潮とともに激しく後退し、沿岸の濃い森から流れ出て堆積した泥が露出し、空気とふれあう。いろんな小動物が住んでいるのだろう。いろんな小動物の死骸も、おびただしく転がっているのだろう。川が運ぶ雨水と浅い海の潮が入り混じって汽水域を形成しているこのあたりでは、びっしり繁ったマングローヴがいまはその根元までも風にさらしている。遠くには現代都市の高層ビルがいくつか、新種の植物のように生え、海洋性気候の島のどこまでも広大な空におしつぶされそうになっている。入江には満潮時ならでっかい水たまりのようなラグーンができるのだが、いまはそれがほとんど消失し、一面の干潟が無音で横たわるだけ。無音、無言。それは無時間につながる。風景がこの現代世界のこの現実ではなく、どこか異界めいた空間、自然のアクティヴな諸力に貫かれてはいるものの、どこか死後の時空に似たものだと思えてくるのだ。

ぼくが住みはじめたのはターマキ・マカウラウ＝オークランド。アオテアロア＝ニュージーランドの北島にある、この国で最大の都市だ。毎日浜辺を歩けば、すばらしい気分がつづいた。タスマン海と太平洋、ここではいつも二つの海の影響が感じられる。ダウンタウンからは対岸のノースショアに住み、街に出るときにはいつもフェリーに乗った。小航海が心を高揚させ、波立つ海面が思いがけない連想を記憶から引き出した。すぐ東には六百年ほど前に火山活動により出現したランギトト島のたおやかな山影が、美しく浮かんでいる。この湾は多島海で、沖に出るとどちらを向いても島があり海がある。たくさんのセイル・ボートが強い風に帆をいっぱいにふくらませて、海鳥のような速さで水上を走ってゆく。そのようすを見ながらも、ぼくは二〇〇四年に亡くなったばかりの偉大な女性作家のことを考えることがよくあった。

引き潮になると水は湾へと引き戻されラグーンは無くなって、ただ汚い灰色の砂がつづきところどころに海水の暗い水たまりが残されそこでは運が良ければ蛸の赤ちゃんが見つかり、あるいは斑のあるオレンジ色の古い蟹の甲羅やどこかの子の難破したおもちゃの船もあった。ラグーンには橋が一本かかっていてそこから小さな水たまりをのぞきこむと自分の姿が海水や水辺の草やきれぎれの雲と入り混じって見えた。そして夜になるとときには水の中にぼんやりした秘密の月が見えるのだった。

少女はピクトンに住む祖母から、海岸のラグーンをめぐるそんな話を聞かされていた。ピクトンは南島の北端近く。北島にある首都ウェリントンから乗るフェリーが着く、山脈がそのまま海に落ち込み溺れ谷となった壮絶な美しさの湾の奥にある町だ。

少女は祖母から多くの話を聞いて育ち、そのひとつひとつを心に刺青のように刻んでいた。祖母が亡くなったときにはパ（砦を兼ねたマオリの村）のマオリ人たちが全員葬儀にやってきた。それは曾祖母がマオリの王女だったから。とても美しかった曾祖母は人を愛するにも憎むにもとても激しい人で、つまりは暗黙のうちに、祖母も、少女も、その気質を受け継いでいる。祖母は少女に、いつもラグーンの話をした。流木や、海藻や、死んだ蟹の爪がたくさん落ちているラグーン。汚い砂と泥の、夏には芬々（ふんぷん）たる悪臭を発するラグーン。それ自体としては何の物語ももたず、ただときおり深みのない鏡のように、人の世のとりとめない転変を映すラグーン。

先の一節はジャネット・フレイムの最初の短編集『ラグーンその他の物語』（一九五一年）の冒頭におかれたタイトル・カットの一編、「ラグーン」の書き出しだ。もちろんそれはフィクションである以上、この少女をジャネットと見る必要はないし、ジャネット自身の曾祖母が実際にマオリ人だったかといえば、たぶんそうではなかったと思う。けれどもこの話が彼女の公式の作家生活のはじまりにあり、そこで語られるのが女たちによる「物語の継承」というテーマだということには、胸をつかれる。短編は祖母の死後の現在から、叔母によって明かされる曾祖母の秘密をとりあげる。そこにこめられた教訓は、人は心が傷つけられるのを恐れるあまり、心からもっとも遠いことがらだけを語りつづけるということだった。

だったら、と作中の少女とともに、読者もふと気づく。祖母があれほどくりかえし語っていたラグーンの話は何だったのだろう。人が心から遠く離れたことがらばかりを語るという叔母のせりふは、少女にはそのまま祖母の言葉とも曾祖母のそれとも聞こえる。同時に、ラグーンという海と干潟の中間地帯、泥まみれの死の匂いに包まれた境界の地帯、けれどもときには人の世の推移をありのままに映す恒久の鏡として銀色にきらめき公平無私の月の光を宿す地帯の、独特な重要性が明らかになってくる。過去と現在、現実と夢、事実とフィクション、空と海。こうしたすべての接合面としてのラグーンを、作中の少女とともに作者ジャネットもじっと見つめている。ほかの何にもまして切実な接合面、彼女自身がおかれた正気と狂気のはざまから。

ニュージーランドを代表する女性映画監督ジェイン・カンピオンの傑作『エンジェル・アット・マイ・テーブル』（一九九〇年）は、この異様なまでに鋭敏な傷ついた魂を描く、フレイムの自伝三部作の映画化だった。ニュージーランド文学史ではキャサリン・マンスフィールド以来の大作家と目され、晩年はつねにノーベル賞候補に名前があがっているとささやかれていたフレイムだが、その前半生はあまりにも数奇で悲劇的なものだった。

貧しい鉄道労働者の家庭で生まれた赤毛の娘は、女四人、男一人の五人の子のまんなかで育つ。生まれたのは南島オタゴ地方の中心都市、スコットランド系が多く南半球のエジンバラと呼ぶにふさわしいダニーデンだが、育ったのはそこから北に120キロほどの海岸町オアマルだ。いまではブルー・ペンギンの群れの日没時の上陸だけが観光客を集めるこのさびれた町が、ジャネットにとっては光輝にみちた「海辺の王国」だった。

内向的だが勉強も運動もよくできる、このちょっぴり太った、燃えるような赤毛の少女の悲劇は、四歳上の姉マートルの溺死とともにはじまった。活発で型にはめられるのが大きらいなこの姉を、ジャネットは熱愛していたのだ。十年後、こんどは妹のイザベルがピクトンの湾で溺死。おなじように朗らかな性格だった死んだ姉妹は、どちらもじつは心臓が虚弱だった。ジャネットがまだ母親の胎内にいたころ、双子だったジャネットのかたわれだけが流産していたため、彼女は結局三人の姉妹を失ったことになる。そして唯一の兄ジョーディは癲癇（てんかん）に苦しみ、父親との関係がひどく悪かった。

読書好きで国語とフランス語の優等生だったジャネットは、こうして死の影につねにおびえつつ、不況に沈滞するオアマルで詩を書きながら育ち、やがて小学校の見習い教師になる。だが彼女には社交がひどい苦痛だった。教育委員が授業の視察に来たある日、彼女は突然教室を放棄し、逃げ出してしまう。発作的パニック。勧められて精神科の診察を受けると、医者はスキゾフレニアだという。ジャネットはダニーデン郊外にある不気味なゴシック建築の精神病院シークリフに入院させられ、以後八年間、二百回の電気ショックを含む地獄の日々をすごす。そしてついに画期的な新療法としてのロボトミーを受けさせられる寸前、病院で彼女が書きためていた短編の集成である『ラグーンその他の物語』がニュージーランドPENクラブの賞を受ける。手術はとりやめになり、彼女は退院し、かつての診断は誤診と認められた。ジャネット自身の作品が、彼女を崖っぷちから救い出したのだった。

かつてはオタゴ地方の農産物の輸出拠点として、国内でも有数の金持ち町だったオアマルは、アメリカから世界に波及した一九三〇年代はじめの大不況により没落し、二度と立ち直ることがなかった。ところが特産のライムストーンによる豪奢な建築や古い屋敷がいまもたくさん残り、町はまるで悪夢の町のように、奇怪な夢幻の雰囲気をただよわせている。ある日、思い立って、ぼくはオアマルを訪ねた。エデン通り56番地が少女ジャネットの住んだ住所。町の中心からややはずれた当時のブルーカラーの居住区、海岸からは1キロ近く離れている。家はいま小さな記念館になっているが、折り悪く休館で、中には入れなかった。でもそれはぼくにはどうでもいいことだった。

夕方のさびれた海岸に出て、息を呑んだ。もうほとんど使われていない線路のむこうにコンクリートの防波堤、その先が海。泥の海だ。ところどころに水たまりがあり、ぶくぶくと泡を立てる蟹がいるような気がする。町に沿ったここはラグーンにはなっていない、だが岬を回りこんだあたりはどうだろう。そこには二種類のペンギンが群れて暮らし、言葉も飛行も知らないその鳥たちを見るために人間が集い、誰も、ほとんど誰も、ジャネットのことを思い出さない。

だがぼくにはこの町は彼女の町、この泥の海は彼女の心の海だった。この島ではナイチンゲールは鳴かないが、アルバトロスが空を舞い、ペンギンが海を泳ぐ。そのまま夜まで待ち、月の出を待った。黄色い月が泥をうっすらと覆う潮水を光らせ、冷たい風が浅い水面を波立たせた。この経験がジャネットについて何を教えてくれるわけでもない。それでも一度はこの町のこの海を見なければ、あの幻のラグーンをそっとのぞきこむことすらできないのだと、そのときにはどうしても思えるのだった。

多言語が踊り出す。テレビ放送開始を覚えているほどの歳ではない。幼稚園のころ東京オリンピックを白黒放送で見て、四年後のメキシコになると画面はカラーになっていた。語学の勉強に興味をもつと、ペラペラのソノシートをくりかえし聴いた。ねだって買ってもらったオープンリールの録音機は数年のうちにカセットに代わり、大学時代にはウォークマンで音楽を楽しむ第一世代となり、すぐにＣＤの時代、ビデオの時代が訪れた。技術はどんどん変わり、それにつれて心も変わる。流れこんでくる映像・言葉・音楽によって、「私」は変貌をつづける。

けれどもこの心の状態変化に、インターネットほど大きな影響を及ぼした技術は他になさそうだ。一九九三年、シアトルからアリゾナの砂漠に引っ越したとき、はじめはファックスで論文をやりとりしていた。翌年から本格的に電子メールを使いはじめた。日本人留学生「かねこさとる」からブラウザというものを教えられ、ウェブページをはじめて見た。九六年には東工大の赤間啓之がぼくの「ホームレス・ページ」を作ってくれて、九七年には翻訳家の旦敬介とTaxi! という英語によるウェブ雑誌をはじめた。それがもう十年前のことだなんて。人生は短い。

技術にまるで疎いぼくだが、言語と文学に興味があるので、インターネットが何かまったく新しい局面を開いたことは、おぼろげにわかった。「私有財産」や「個性」という観念が印刷術を手段として発展してきたことは、昔マクルーハンが指摘していた。文学の「著者」とか「独創性」が問題になるのは消費社会＝文化の中でのことにすぎない。言葉の技芸は、もともともっと自由に、口伝えでまねされ、作り替えられ、飛び火し、拡まっていたはずだ。そんな過去が、ちょっと取り戻された。インターネット上の文学は、模倣と剽窃(ひょうせつ)の劇場、虚栄心の祭壇に転落する危険をつねにはらみつつ、「詩は万人によって作られなくてはならない」（ロートレアモン）という理想に大きく近づいてもいる。

そして言語。九〇年代、インターネットを英語の覇権とむすびつけて考える人が多かったのは、いまから思うと笑い話だ。事態はそうは展開しなかった。あらゆる小さな言語、追いつめられた言語が、反撃を開始したのだ。オクシタン語やソルブ語といったヨーロッパの地方語、マオリ語やラパヌイ語といった太平洋言語、ナバホ語やラコタ語といったアメリカ先住民言語にとって、地域メディアと惑星メディアの区別をなくすインターネットの力は、きわめて効果的で使い道がある。コミュニティの歴史とニュースを伝えることができる。言語教育に利用することができる。

そんな実験は、まだはじまったばかり。音声も映像も加えて、インターネットによる諸言語の革新と再生は、これからいっそう本格化するだろう。アクセス可能な多言語空間がふくらみ、創造性が爆発する。語学好きにも文学好きにも、おもしろい時代が訪れたみたいだ。

バーケンヘッドいつまでも。アオテアロア（ニュージーランド）の最大都市ターマキ・マカウラウ（オークランド）。暮らしはじめたとき、ここはホノルルとシアトルを足して2で割ったみたいなところだなと思った。ぼくの心の首都、北太平洋の中心都市ホノルルは、いうまでもなく熱帯の港町。貿易風が絶えず吹く中、巨大な樹木が育ち、鳥たちを育て、したたるような緑に埋もれている。大学院にかよった太平洋岸北西部の港町シアトルは、巨大な湾に面し緯度のわりにおだやかな気候、背の高い針葉樹がたくさんあり近郊には緑の苔がむす温帯雨林がひろがる。そしてオークランドは、温帯的な巨木と熱帯的な巨木がいたるところに生えた緑の港湾都市で、海洋性気候のもとつねに雲が飛び、一日に何度も通り雨があった。地名の多くがポリネシア系のマオリ語で、通りの名前を見ていると「ここはハワイか！」と思うことがよくある。湾にはたくさんのヨットが浮かび、エメラルド色の海面を花のように彩っていた。

ホノルルはいうまでもなく混血の首都でもあって、雑多な住民たちの顔は、土地の屈折した来歴をよく物語っている。ジミ・ヘンドリクスを生みブルース・リーが眠るシアトルは、アジア系やスカンジナビア系の住民が多く、やはり文化の攪拌の前線だった。公式に二言語二文化の国を謳うニュージーランドにあって、マオリ系のみならず太平洋各地出身のポリネシア系住民の総人口から見るとオークランドは世界最大のポリネシア都市で、それもぼくがここに惹かれた理由のひとつだった。ちょうどいい時期にやってきた。二〇〇四年、マオリ・テレヴィジョンが開局し、マオリ語によるニュースやドキュメンタリーや娯楽番組を、毎日放送するようになった。共同生活を送る若者たちの青春ドラマっぽい暮らしを追いながらマオリ語の新鮮な口語表現を学べるすばらしい語学番組『コーレロ・マイ』（話してごらん）を、ぼくは毎晩観た。

そしてそれ以上に気に入ったのが、初のプライムタイム用国産アニメと呼ばれる、3チャンネルの『ブラ・タウン』！　二〇〇四年九月に全六話のミニ・シリーズとして制作され、翌年、翌々年にも新シリーズを放映した。「ブラ」bro とはもちろんブラザー、ともだちへの呼びかけ。オークランドの一角、モーニングサイドに住む五人の男子中学生を主人公に、この島社会で現在進行中の文化衝突を笑いのめすエピソードを満載して、文字通り、絶大な国民的人気を博した傑作だ。オークランドは住民の三分の一が外国生まれ、南半球ではもっとも人気のある移住先のひとつだ。紺に黄色のストライプが襟元についたセーターという制服姿がトラディショナルだが、中身は徹底的に移民ストリート系のかれらは、サモア系だったりトンガ系だったり、父祖の土地を離れて都市に移住したマオリ系の子だったり。そしてかれらの脇を固める同級生たちは、香港、インド、南アフリカからの移民たち、あるいはオーストラリアのアボリジニまでいる。めちゃくちゃだと思うでしょ。でもこれは、現実の配分に非常に近い。現実の人物がまるでゲスト出演といった感じで登場するのもおもしろい。首相のヘレン・クラーク、ラグビーのタナ・ウマガ、『クジラの島の少女』で全世界を泣かせた女優ケイシャ・キャッスル＝ヒューズ（いずれも声は本人）。ストーリーの展開を空から神さま（もちろんマオリの長老の姿）が見守っているのだが、この天国にはボブ・マーリーやアンディ・ウォーホールやジャン＝ミシェル・バスキアもいる。モーニングサイドとはオークランドの実在の一角。そしてそこは特別な地域ではない。オークランド中がだいたいそんな感じだ。

ぼくが住むバーケンヘッドも、大差なかった。商店街にコンビニはなく、あるのはインド人が経営するデイリー（食品雑貨店）。インド系とはいっても、かれらの多くはフィジーのインド人だ。やはりインド料理、あるいは中華（ただしマレーシア系）、あるいはフィッシュ＆チップスのテイクアウェイ（持ち帰り）専門の店。英語がほとんどしゃべれないのにりっぱに家庭料理のレストランを経営している韓国人のおばさん。古道具屋、古着屋、中古カメラ屋、あまり本のない古本屋などが並ぶのもこの国らしい。近所にはトンガ教会があり、コハンガ・レオ（マオリ語幼稚園）もあった。そして子供たちは、なんとも味のある昔風のシンプルなシャツとセーターの制服を着て学校に通い、教室で生徒たちの元々の国籍を数えるなら、たちまち両手の指の数を超えた。

ヴァレ、ヴァレア、シオネ、マック、ジェフ・ダ・マオリ、『ブラ・タウン』の仲間たちの合言葉は「モーニングサイド・フォー・ライフ！」だった。それに倣って、いつしかわが家の合言葉は「バーケンヘッド・フォー・ライフ！」。あののんびりした島っぽさにあふれた通りが、現在の現実の移民社会アオテアロアの片隅が、みんな大好きになったのだ。

『隣のアボリジニ』の隣へ。オーストラリア、といわれてぼくが最初に思い浮かべるのは、アボリジニ絵画、ディジャリドゥーの音、そしてウルルの赤い巨石。これはいったい、どんなイメージ教育のせいなのだろう。つぶつぶとしたアクリルの点をびっしり並べて描かれる現代アボリジニ絵画にしても、循環する風の渦巻きのようなディジャリドゥの倍音にみちた響きにしても、夕陽の荒野に宇宙の卵のようにたたずむ神々しい岩山にしても、それらだけにオーストラリア島大陸を代表させるわけにはいかない。人間の営みとしても、自然の配置としても。それらはただの、三つの点景。でもそれをいうなら、人に抱かれたままユーカリの葉を食べるコアラの飼育場も、シドニーの都市の卵のようなオペラハウスも、アーネムランドの岩壁やタスマニアの濃密な濡れた緑も、ぼくにとってはオーストラリアの親指サイズのひとこまでしかなく、ぼくは何も知らない。

知らないことについて話すということは、われわれの社会の流行なのか、悪癖なのか。強いられているのか。避けられないのか。必要なのか。誰もがしょっちゅうそんなことをしている。行ったこともない遠い土地をめぐる手がかりは、ポータブル化された画像や音となってはるばる人を訪れ、ときにはそれらが強く人を誘惑する力をもつのだけれど、その背後には何もない。何もない。印刷複製された絵画の、その背後には。CDとなって録音された、遠い音源の背後には。そこには人がいない。どんな人がどんな来歴を担ってどんな生き方の果てにそれらを作っているのか、こちらはまるで知らない。知らないことに不安を感じない。慣れ切っている。

それは商品経済がはぐくむ感受性で、それ自体としては、はなはだいとわしいものだが、商品＝イメージ流通の自動的な力のせいでなければ見ることも知ることもなかったこの世の数々の驚きは、われわれの心を実際にみたしている。われわれを感動させ、肉体的に駆り立て、動かすことにもなる。だったら、どうにもひとけのない、存在感に欠けた、奇妙な出会いではあっても、それもまた世界の中での人と人の出会いの一形式ではあるのだろう。まるで沈黙交易のように何の言葉もなく届けられたそうした「世界の種子」を、まるでその種子の楽器や武器としての使用法を開発するようにして音を出させたり攻撃力をもたせたりして「実用化」するのは、受けた側の（きみの、ぼくの）仕事なのだろう。

乾いた平原にぽつんと、二、三本の木々が木立をなす大地の毛のような場所がある。

乾いた平原にぽつんと、二、三本の木々が木立をなす
大地の毛のような場所がある

それは遠くからでも見えているが、たどりつくには遠い。しばらく歩いてゆかなくてはならない。暑い。陽射しも、風も強い。ここでは文化人類学者・上橋菜穂子（うえはしなほこ）のすばらしい省察の書、『隣のアボリジニ』にむかって、そんな小さな藪にとぼとぼと接近するようにして、少しずつ近づいていこう。

現代アボリジニ絵画は、過去二十年ほどのあいだに日本でも広く知られるようになった。小さな点を画面にびっしりと並べ、幾何学的な紋様の組み合わせで不思議な絵画空間を作り出してゆく。見ればひきこまれてしまう。独特な感覚だ。

ぼくはかれらの絵が好きだ。もっとも、オーストラリア全体で六百を数えたという異なった言語・生活スタイルをもつ人々を「アボリジニ」とひとことで呼ぶのはばかげているし、現代絵画の様式だって、いうまでもなくさまざま。たとえば有名なカカドゥ国立公園の古い岩石絵画をそのままよみがえらせたような、北辺アーネムランドの樹皮に描かれる絵画もおもしろいが、いま念頭においているのは中部から西部にかけての砂漠地帯を背景とする、地面に描かれた砂絵の現代版のようなアクリル作品のこと。茶色や黄色といった「大地」の色を基調として、いろいろなシンボルらしきものがちりばめられ、謎めいた地理学への解読に誘われる。

同心円は、泉、キャンプ地、火などを意味する（かもしれない）。

何本かのまっすぐな平行線は、稲妻、水の流れ、祖先たちの道を意味する（かもし

れない)。

芋虫を曲げたような太いUの字は、人間がすわっているのを上から見た姿や乳房を意味する(かもしれない)。

横向きに数本の平行線が作る弧は、ブーメラン、雲、あるいは防風林を意味する(かもしれない)。

二つの同心円がぐにゃぐにゃした三本ばかりの線でむすばれているときには、泉と離れた泉のあいだに小さな水の流れが見つかる場所を表わしている(かもしれない)。同心円から平行する四本ばかりの直線が両側に腕のように出ているときには、旅するべき道の途上にあるキャンプ地をしめしている(かもしれない)。

そしてときには、まずまず現実的な、動物の足跡やその姿が描かれることもある。たとえばジャン゠ミシェル・バスキアの絵の細部にアフロ゠カリビアン・ニューヨークの都市意匠がいろんなかたちで隠されているように、これらの現代アボリジニ絵画には広大な荒野の記号が住みついていて、ぼくらは本当には何も知らないまま、その表面を食い入るように見つめ、想像の旅をはじめる。

こうした絵画はスタイルとしてさほど古いものではない。一九七〇年代初頭に、アリス・スプリングスの西250キロに位置するパプーニャという町で起きた絵画運動の成果だという。フルタイムで絵を描いていた、一九一〇年代から三〇年代生まれの世代の男たちの中から、八人の注目すべき巨匠たちが生まれ、それぞれにスタイルを洗練させていった。なんとなく、レゲエ音楽の創成期を思わせる。町の粗末な掘建小屋を拠点として、最低限の機材を使ってミュージシャンたちが新しいスタイルを作りつつ録音していったように、パプーニャの男たちは地面にぺたりとすわりこみ、わずかな絵筆と共用の絵具だけを使って、それぞれの絵をつぎつぎに仕上げていった。あるいは、小学校の校舎に壁画を描いた。

そうした現代絵画は、太古から地面に描かれてきた伝統的絵画の応用版だった。一九一二年に中央オーストラリアの先住民文化を広く調査したスペンサーとギレンたちが撮影した、きわめて興味深い一枚の写真がある（Susan McCulloch, *Contemporary Aboriginal Art*, Allen & Unwin, 1999, p.52）。地面には、五つの同心円をあしらい、そのあいだから巨大な蛇のようなかたちが流れ出しているようにも見える、砂絵が描かれている。それを半車座になってとりかこむようにして、九人の男たちが正座している。この男たちは体と顔に彩色をほどこし、まるで巨大なちょんまげのような不可解な頭飾り（か髪型）をしている者もいる。それをさらに囲んで立っている男たちが十人ばかり。儀式の介添役なのか、すわった男たちの頭をおさえつけて祈りか反省をうながしているようにも見える。見ているだけでドキドキするような緊迫感がある。

この砂絵のパターンを見ただけで、現代アボリジニ絵画がどんな意匠を受け継いできたかがわかる。だがいっそうおもしろいのは、われわれよそ者を魅惑するには十分な現代絵画に使われるシンボルやパターンは、じつは「本当のシンボル」や「本当の物語」を周到に隠すように構想されているらしい、という点だ。様式を見せてはくれても、本当のことは簡単には教えない。もっともな態度だと思う。また逆にいえば、本当の話を聞かされかれらの土地の真実を知ってしまったとき、その知識をうけとめるだけの覚悟が、カジュアルな美術＝商品鑑賞者でしかないわれわれには、とてもできない。

それでも何か、土地に、大地にまつわる物語が、神話が、かつて砂絵にこめられ、いまアクリル絵画に応用されていることは、まちがいないところだ。今年はちょうど立教の大学院（異文化コミュニケーション科）の授業でエリアス・カネッティの『群衆と権力』（一九六〇年）を読んでいるのだが、この本でのカネッティはオーストラリア先住民の神話的世界に大きな関心を寄せ、くりかえし引き合いに出している。人類史の古層がかれらのあいだに生きているにちがいないという考え方は、二十世紀中葉に構想された書物にとってはもっともな視点だったろう。

さきほど名を出したスペンサーとギレンの研究（原典は一九二七年）にある物語を、カネッティは引用している。ある土地がいかに物語にみたされているのかを見るために、このお話をさらに要約＝再話して、ここに引用しておこう（〈再話〉もまた、この文の主題のひとつなので）。

若い小さなカンガルーがいて、旅をはじめました。しばらく先で平原に出ると、そこには野生犬の群れがいました。犬たちは「たいへん大きな母親」によりそって、寝そべっていました。ウングトウニカ（カンガルーの名）が犬たちを見ながらぴょんぴょん跳ねまわると、犬たちは追いかけてきました。全速力で逃げましたが、やがて犬たちにつかまってしまいました。犬たちはウングトウニカの体を引き裂き、肝臓を食べ、皮をはいで投げ捨て、骨から肉をはぎました。食べ終わると、犬たちはのんびり寝そべりました。

でもウングトウニカは死んではいなかったのです。寝そべっている犬たちの目の前で、皮が動き出し、骨をおおうと、カンガルーはよみがえり立ち上がり走り去りました。犬たちは後を追い、ウリマという丘で彼をつかまえました。ウリマとは肝臓のことです。このとき犬たちが肝臓を食べずに捨てたので、この場所はこう呼ばれるのです。丘は肝臓のように暗く見えるのですが、この事件の現場をしめすために生じたものでした。

ついで、またおなじことが起こりました。ふたたび生き返ったウングトウニカは、こんどはプルプニヤまで走って行きました。プルプニヤとは、野ネズミの群れをまねて発する音のことです。この地点でウングトゥニカは、犬たちを嘲笑するために、そんな音を立てたのです。彼はまた犬たちにつかまり、ずたずたにされたのですが、またまた生き返ったので、犬たちはびっくりしました。

またもや追跡がはじまりました。今回は、カンガルーがウンディアラの水たまりのすぐそばの場所までやってきたところで、犬たちにつかまり、食われてしまいました。犬たちは彼の尾を切り取り、その場に埋めました。その場所にはいまもなおこの尾が石となって残っていて、カンガルーの尾のチュリンガと呼ばれています。増殖を祈る儀礼のときには、それがいつでも掘り出され、きれいに磨かれて、人々はそれを大切に回覧するのです。

(岩田行一訳『群衆と権力』法政大学出版局、166―167ページをもとに再話)

おなじ一頭のカンガルーが、四度死に、そのつど犬たちに食われる。しかもそれは生殖年齢に達していない、若いカンガルーだ。生殖によることなく、彼ウングトゥニカは四倍に復活し、そのつど肉を与えてくれた。尾を切られてしまえばもう復活はないが、その特別なカンガルーの増殖力は石のかたちをとって結晶し、地面に埋められている。狩猟者である人々はその石をめぐる儀式をおこなって、この物語を思い出し、獲物であるカンガルーの順調な増殖を祈る。カネッティの解釈はざっとそんなところで、特につけくわえるところはない。あるとすれば、「肝臓」と「尾」がそれぞれ食べられずにすんだ回があったというところで、もしこのように特定部位を食べないということがそれぞれの地点にまつわる儀礼の規則として決まっているのだとしたら、いっそうおもしろいだろうなと思う。食べられる肉をお断りするというそんな態度は、それもまた供犠の一形態にほかならないからだ。一部を断念することにより、全体が何度でも回帰してくることを願っている。ましてや、特にうまいことが知られている肝臓と尾をあきらめ、何らかのカミにささげる場合には。

こんなふうに土地には物語がある。地点には記憶がある。いまではよく知られているアボリジニの「夢見」（ドリーミング）という考え方の魅力も、それがあくまでも具体的な現実の地点とむすびつきながら構想されるメタフィジカルな空間に関わっている点にあるだろう。それは土地の来歴を語る神話であり、部族や個人と特定の動植物との特別な関係そのものをさす言葉であり、ある人の出自の場所（母親により夢見られ、妊娠された場所）をさしていう単語でもある。現代アボリジニ絵画でも、ドリーミングは中心的な主題だ。そこでは具体的な場所、祖先、特定の動物が描きこまれ、確実に何か大切な物語に言及しているにもかかわらず、その物語をわれわれは知らず、そこから閉め出されている感じがつきまとう。そして、ふたたびにもかかわらず、絵画空間の異様な魅力を感じとり、われわれはそれにじっと見入ってしまうのだ。

ドリーミングという考え方がことのほかおもしろいのは、英単語に翻訳されたそれがいわゆる「夢」のことではないのみならず、西欧語的なカテゴリーでは分類できない何かをさししめしているからだろう。それは現実と幻想に、同時に言及する。それは時間と空間を、同時に表現しようとする。そしてそれは実体と関係とのあいだに、あまりちがいを感じていない。

カテゴリーの分け方がちがうなということは、ディジャリドゥーを見てもわかる。かつてオーストラリア北端のグルート島で、互いにはじめて顔を合わせるオーストラリア全土の二十四の部族を集めておこなわれたアボリジニ音楽祭に参加した武満徹（たけみつとおる）は、こんなことを記していた。アボリジニ音楽においては、いわゆる「楽器」は存在しないというのだ。

> 最も特徴的な音色を表しているディジャリデゥーDidgeridouと呼ばれる木の管（パイプ）にしても、それは少しも人為的に調律されたものではなく、自然環境が生んだ儘（まま）のものであって、楽器ではない。ディジャリデゥーは、白アリが喰いつくして空洞としたマングローブやユーカリ樹の幹に、息を吹きこんで音を出すのだが、その呼び名が示すように、ディ・ジャ・リ・デゥーと、低く長く地を劃（は）うように響く。他に打ち鳴らすものは、狩猟に使う槍やブーメラン等であるが、樹木の破

片を叩くことが多い。なによりも、かれらは自分たちの肉体を、極限まで発音体として用いている。信じえぬほどに強い足踏（フット・スラップ）みや、息を吸いこみながらつくりだす高音の叫び、柔軟な筋肉が造型する身ぶり。そこでは、うたも踊りも祭祀も未分化の総体としてあり、自然から分け隔てられたものではない。

（『音楽を呼びさますもの』新潮社、一九八五年、85ページ）

絵画にせよ、音楽にせよ、ドリーミングという範疇にせよ、アボリジニ（と、また一般化してしまった）諸民族の世界の理解の仕方には、われわれのそれとは大きく異なったものがあり、根底にあるそんな差異に魅力を感じるからこそ、われわれは個別の表現にじっと意識をそそぐのだろう。当初はイメージとして忍びこむほかない「アボリジニ像」が、いかに現実から隔たっていようとも。この「魅力」をまずは認めてはじめて、上橋菜穂子の想像力への接近も、はじめてわれわれに許されることになる。「小さな町に暮らす先住民」という副題のついた上橋菜穂子の『隣のアボリジニ』を読んで、ぼくは感動した。文化人類学という分野＝訓練についてはその入口で引き返し、小説を書くという冒険にも踏み切れなかったぼくには、特別な興味を抱かされる一冊だった。「ちくまプリマーブックス」という十代の読者むけのシリーズに入っているのもいい（現在はちくま文庫）。ティーンエイジャーを読者に想定して書くとき、ごまかしはきかない。飾りを捨て、前提知識を要求せず、切るべき部分は切って、経済的な書き方をしなくてはならなくなる。これもまたひとつの冒険だろうか。だったら上橋は、「人類学的調査」「フィクションの執筆」「ティーンエイジャーむけノンフィクションの執筆」という三重の（ぼくには手が届かない）冒険をはたしてきたわけだ。感嘆せずにはいられない。

西オーストラリア州の小さな町ミンゲニューに、彼女は小学校のボランティア教師として赴任する。町の人口はたぶん四百人くらい、小学校のクラスは二つだけ（低学年と高学年）。十四人しか生徒がいない、この低学年クラスを手伝いながら、担任の先生ローラを通じて、彼女はしだいにアボリジニの生活世界とその背景をなす歴史に分け入ってゆく。

白人たちの国家により土地を奪われ、家族を引き裂かれ、絶望に追いやられ、互いにいさかいをくりかえし、根強い人種差別やそれを具現する法律に苦しめられ、白人たちの経済と文化に同化され、あるいはみずから進んで同化し、小規模な移住を重ね、職業とライフ・スタイルを変え、伝統文化の喪失と残存をいずれも折りにふれて実感し、曖昧な変化をつづけるかれらの「ふだんのくらし」を見聞きし、ノートにとり、考え、あるいはまた忘れてゆく。淡々とした語りの中に、上橋自身が話を聞きまとめた何人かのアボリジニの人々のライフ・ストーリーがはさまれている。驚くべき細部が次々にやってきて、かれらの心や生活を、その現在とむかしを、「かすかに垣間見せてくれる」。ナホコが垣間見たそうした細部が、まるで遠い星のいっそうかすかな光の名残りのようにして、読者に届けられる。

これを読んだからといって、ぼくらは何を知るだろう、かれらの何を学ぶだろう。だがどれほど何も学ばないように見えるからといって、本当に何も学ばずにすませることができないということもまた事実であり、遠い土地、遠い人々の心には、それ以外の接近の仕方がない。

むかしは、バーディ（この地域でバーディ・グラブと呼ぶ芋虫のこと）も掘って、食べたよ！ 女たちは、ブッシュでいろんな野菜や果物を採ってきてねぇ。男たちはカンガルーやエミューを狩ってたのさ。すごい狩りをしてたんだよ！ ああ、あの大きなカンガルー！ 種類によって、ビゴダとか、マールーとかって、違う名前があるんだよ。（ローズマリおばさんの話）

エミュー脂を知ってるかい？ ああ、エミュー脂！ 冬になると、よく塗ってもらったもんだよ。風邪なんかまったくひかなかったね。塗るだけじゃなくて、飲むこともあったよ。私は今でも飲んでるよ。熱が出たときは身体中に塗ると熱をとってくれるんだよ。(……)赤ちゃんが生まれると大きな焚き火を燃やすの。そして、水に浸ける代わりに穴を掘って、熱い砂に赤ちゃんを、まるで洗礼を施すようにつけるのよ。ほんの少し熱い砂でね、赤ちゃんを拭うのよ。それは洗礼みたいなものなのよ。(ドリーの話)

カンガルーの一番うまい部分は、リブから下(尻尾を含めて)だ。リブの部分はスープにもしたな。内臓を取り出してから、その空っぽになった腹に焼いた石をつめた。そうしておいて、地面に掘っておいた穴に埋めて蒸し焼きにするのさ。「ブラッド・プディング」もうまかったぞ。カンガルーの腸に、血と刻んだ内臓を詰めて、ソーセージみたいに両端を結んで、灰の中で蒸し焼きにするんだ。冷えてからスライスして食うと、うまかったよ。べつに白人のまねをしたわけじゃない。こいつは、むかしからあるヤマジーの料理法だよ。(ジョンの話)

どうだろう、いずれもわくわくする話ではないだろうか。話とは、それ自体が贈り物だ。誰もが誰もにすべてを話すはずはなく、ある話が出てくるのは風に果実が落ちるような僥倖(ぎょうこう)にすぎない。あるひとつの共同体でなく、たったひとりの人間を相手にしたときでさえ、その記憶は途方もない広がりをもっている。その中のごくいくつかの細部が、あるとき特定の誰かを相手にぽろりと話に出て、聞き手の記憶に転送される。聞き手は聞き手でその話を整理し、そんなつもりがなくても自分の理解に合わせて切り取り、文字に記す。こうして降り積もるアーカイヴが、さらなる編集を経て、本にまとめられる。その本を読んだ人間は、ふたたび勝手に自分の趣味・志向・問題意識などにしたがって、本を再断片化し、理解にひきこむ。

理解とはつねに自分勝手な暴力で、こうしてみるとそれはもともとたしかにあった現実の、影絵芝居の、影絵芝居の、影絵芝居のようなものになってしまう。そしてまた、人はそれを気まぐれか必要に応じて再話する。そして、また。そして、また。もちろんそんなことは、現代の人類学者ならみんな痛烈に意識しているからくりにちがいない。そして、ここまで現実から遠ざかってしまった情報のピースにはたして意味があるのか、と問われるなら——それは「たしかにある」と答えることを、ぼくはやめないだろう。

カンガルーもエミューもいないこの島で暮らしても、上橋さんが伝えてくれたローズマリ、ドリー、ジョンの話によって、ぼくはカンガルーやエミューと人間との関係を了解し記憶してゆくことになる。それだけでなく、「アボリジニ」と無根拠に総称される人々の、自分にとってはまだまだ不分明な姿を。さらには、「先住民」と一括して総称される人々と、世界化した商品経済の今日にいたる数百年の経緯を。こうしたすべてはたしかに想像でしかない。だがごくかぎられた話の断片を使ってでさえ、それにより「世界」と「世界史」をいかにゆたかに想像するかによって、たしかにわれわれの日々の行動や原則が変わってくることも、やはり確実だろう。『隣のアボリジニ』のカバーを飾るのは「蜜蟻(みつあり)のドリーミング」と題された絵だ。魅力的な絵だが、そこに使われるいくつかの象徴図形は、あいかわらず解読できない。ナホコがよく知るようになったミンゲニューの人々をはじめ、すべてのアボリジニの人々とぼくの距離は、この本の読書以前と以後でまったく変わっていない。会うこともなく、知ることもないだろう。それでは何が起きたのか？「世界」をめぐるぼく自身の想像の領域が、激しく攪拌されたのはたしかだ。現代アボリジニ絵画やディジャリドゥの音が、いっそう気になるようになったのもたしかだ。それはまだ、商品や美学的体験のレベルのできごとにすぎない。だが、明日はわからない。明日にはどこか、思ってもみなかったところに出かけてゆくことになるかもしれない。

二〇〇七年四月九日（月） というわけで読書をめぐる日記を書く。本。本たち。手にと「木」の幹の根元に目印として枝を一本置いたようなかたちのオブジェたち。

り、しばしつきあい、別れ、忘れてゆく。草花を思わせるそのはかなさ。そのはかない通過が脳に残してゆく影を、日光写真のように留めてみようか。

きょうの一冊は、港千尋の新作写真集『文字の母たち』（インスクリプト）。歴史上ただいちど、いまこの時点でしかありえなかった映像人類学的傑作だ。ありえなかった、という過去形にこめられた喪失感は大きい。鉛に活字を彫り、それを並べ、インクをつけ、圧力をかけて、紙に刷りあげてゆく。いまはもう限りなく消滅に近づいたこの技術こそ、人に外部記憶の大規模な貯蔵と流通を教え、「近代」をもたらした最大の立役者だった。ここで港は、閉鎖間際のフランス国立印刷所と、大日本印刷市谷工場を訪れ、活版印刷の終わりをみごとな写真に定着させた。ことばを失うほどの輝き。フランスで刷られた「ガラモン体によるアリストテレス」や「漢字西訳」の字体の美しさには、ただ陶然とするばかり。物がかたちを与えられ、意味を担い、組み換えられ、痕跡を残す。この物質感が、手触りが、「目触り」が、知識を裏づけ、社会を組織してきたわけだ。いつもながら、文章もいい。たとえばコロタイプを論じて「ガラスというのは、案外柔らかい物質なのかもしれない」と記し、その文をこうしめくくる。「印刷された写真を見ると、搾られた影がインクになって紙のなかに入っていったように見えた。」隣ページの写真に目をやって、ふうむ、とこっちも考えこむ。

五月五日（土） 連休って何。「木」のかたわらに人がたたずむのが「休」だとして、「本」のかたわらに人が立ちつくすのが「体」だというのだから漢字はおもしろい。やることが多くてあまりのんびりはできないが、せめてもの休みを求めて、本をもって川原にゆき、体はニンベンを下に、しばし寝そべる。きょうはカール・マルクスくん誕生日。明日はシグムント・フロイトくん誕生日。

その後、書店に立ち寄ると、すごい本に遭遇してよろこんだ。松田行正の『はじまりの物語――デザインの視線』（紀伊國屋書店）。派手な小口（こぐち）に注目。というか、いやでも注目せざるをえない。ぼんやり浮かぶカラーの肖像、ところが余分な目があるみたいでなんか気持ち悪い。ちゃんと手にとって右手側に曲げてみると、あらあら不思議、すまし顔の美しく若い十六世紀のイタリア女。左手側に曲げてみると、ニヤリと笑うひげ面の十五世紀フランスの道化師。すべてを解説するグラフィックデザイナーのことばに耳を傾けよう。「どちらも隙間から覗く、ドキッとするような視線がほしかったので使いました。今まで見過ごされてきたような視点の探究が本書のテーマでもありますので、いわば『かたち』にたいする覗き趣味といったニュアンスです。小口を親指で四十八ミリくらいに広げたとき、ちゃんと見えるように設定しました。」へえ。そして一事が万事、「はじまり」というモチーフをめぐってイメージからイメージへ、オブジェからオブジェへ、観念から観念へ、跳びまくる、狩りまくる、切りまくる、くりまくる、蹴りまくる、凝りまくる。いやあ、痛快な本だ。これだけ凝って、これだけの発想の宝庫で、こんなに綺麗で、この値段とはちょっと信じられない。類書がどこかの異国にあるとも思えない。あちらこちらと跳び読み、飛ばし読みをしばし楽しんだあと、オーストラリアの彫刻家ロン・ミュエクの作品〈In Bed〉を見て「アートってすごいな」と感じたという松田のこの本に、「デザインってすごいな」と改めて感じる。

五月十八日（金）　金曜日のお昼休みは「フラ語クラブ」の日。仏語検定を受けてみようという一年生二十数名の勉強会につきあって、二十五分間で二十五の文を覚えるという試み。なかなか楽しい。だが楽しさが終わってひとりになれば、かれらと自分を隔てる三十年に茫然。フランス語をはじめてからも、おなじだけの年月がたったわけだ。道草ばかりで、まったく進歩していないことにシュンとする。

気をとりなおして読みはじめたのが、前田英樹『言葉と在るものの声』（青土社）。たちまち居ずまいを正して、その思考の歩みというか刻みをたどることになる。すんなり飲みこめるわけではないが、ひしひしと迫ってくるものがある。ソシュールと構造言語学は、いずれも「言語的なもの」「記号的なもの」を、物の側にも、心や意識の側にも置かない、そこは共通している。けれども構造言語学は物理音でも心的映像でもない「音素」を分析し、確定し、記述する。一方、ソシュールの問題は音素に分析される以前の「語」という言語単位の実在性、それが実在するとはどういうことかだったのだ、と著者はいう。「ラングのなかのさまざまな言語単位が、真に潜在的なものであるとすれば、事情は異なってくる。それらは、現働化し、パロール化することによって根底からその性質を、在り方を変えてしまうだろう。」潜在しつつたしかにあるとは、いったいどういうことなのだろう。何の気なしにことばを使いながら、われわれはどんな無茶な飛躍を生きているのか。この本のほんの入口に立っただけで、なんともいえない胸さわぎに襲われる。

思えば自分はその問いに、まるで直面していない。むしろそんな問いの領域があることすら、回避してすごしてしまった。前田さんの三十年の闘いの軌跡を遠くから眺めつつ、はたして自分なんかがことばを使っていいものだろうか、という気にもなってくる。ましてや「初級文法」を教えるなんて！　フラ語クラブのみんな、ごめん。写真もアートもデザインもすごいが、ことばって、やっぱり奇蹟だ。

五月二十六日（土）　勤務先で、中村和恵や旦敬介といった友人たちと、「世界文化の旅・アフリカ編」という一般むけ講座をはじめた。きょうはその第二回。講師のムンシ・ロジェさんは、コンゴ民主共和国(旧ザイール)出身の宗教人類学者でカトリックの神父さまだ。とてつもなくでかいコンゴの複雑な現状を内部からの視点で語っていただき、目を開かれる思いだった。そのムンシさんに勧められたのが井上信一『モブツ・セセ・セコ物語』(新風舎)。ザイールを三十二年間にわたって支配した独裁者の、異常な冷酷さと飽くことなき奢侈(しゃし)好きが、在野の研究者の丁寧な筆致で描かれる。

読んでいて、背筋が寒くなる。建国の英雄ルムンバの殺害を背後からあやつり、CIAの全面的うしろだてを得て権力をにぎり、部下たちの妻を次々寝取り、さからえば殺し、極貧にあえぐ国民をしりめに蓄財にはげみ、贅(ぜい)の限りをつくした。批判勢力の学生や聖職者は徹底的に弾圧、虐殺。しかし真に戦慄を覚えるのは、ザイールの豊富な地下資源を狙って貪欲にこの国に食らいついていった先進諸国、アメリカ、フランス、ベルギーの姿だ。大企業が政府ベースの融資付きの巨大プロジェクトを次々とモブツ政権に売り込み、すべては失敗するか、意味不明なむだ遣いに終わる。それを通じて遠隔操作的に莫大な儲けを手にする誰かのために、モブツは独裁という政策で利権主義体制を維持し、ザイールの国土と国民は丸裸にむしられてゆく。

そもそものはじまりをふりかえっておこう。十九世紀、列強の植民地争奪戦に遅れて参入した小国ベルギーは、「暗黒大陸」アフリカの内陸部コンゴ盆地に目をつけた。

そして驚くべきことに、一八八五年のベルリン議定書により、広大な「コンゴ自由国」は国王レオポルド二世の私有地として、国際的に認められたのだ！　なんという歴史の茶番劇だろう。狙われた資源は、まずゴムと象牙(ぞうげ)、ついで銅、コバルト、そしてダイヤモンド。二十世紀の欧米の傲岸なゆたかさはすべて植民地主義の直接の結果だが、各植民地の独立後もいかに「支配」が継続されるかが、モブツの生涯というケース・スタディにより、よくわかる。いったいなんという「世界」だろう。当然、たとえばアメリカ大統領ブッシュ（父）にとって、モブツは「最大の友人」なのだった。

六月六日（水）　ある本は買ってもなかなか読めない。手に取ることもしないうちに、つい忘れてしまう。ガリマールから出たスイスの作家ニコラ・ブーヴィエの分厚い一巻本の作品集を買ったまま三年ほど本棚で眠らせていたら、その中から選ばれた文章の魅力的な翻訳が出た。『ブーヴィエの世界』（みすず書房）。高橋啓の訳文はあいかわらず見事で、なんのじゃまもなく作者の世界に没入できる。

スイス出身の世界旅行者というと偉大なブレーズ・サンドラールのことをただちに思い浮かべるが、ブーヴィエも只者じゃない。大学生のとき買ってもらったフィアットの500cc車を、まずばらばらに分解し、組み立て直す。これで準備完了。おもむろに旅に出て、ユーゴスラヴィア、トルコ、イラン、パキスタンを遍歴した。ついでインドからセイロン、そして日本に到達。一年間滞在し、写真を撮りまくる。やがて帰国し、図版調査の専門家となってからも、磨き抜かれた散文を記し、また旅をつづけた。

「新たな世界でのらくら暮らすことは、数ある仕事のうちでも、もっとも気の抜けない仕事だ」「旅をしていれば、自分を支えていると思ってきたものが解け、悪夢でも見ているように自分を裏切るという瞬間を経験せずにはいられない。この恐るべき剝奪の背後、存在のゼロ地点の向こう側、旅路の果ての向こう側には、さらになお何かがあるはずなのだ」「その楽譜はいつも目の前にあるのに、世界に対する難聴のために往々にしてわれわれの手から奪われている」

　こうしたいくつかの文が心にしみわたり、すぐにまた旅に出たいという気持ちを駆り立てる。

六月十六日（土）　ブルームズデイ（ジェイムズ・ジョイス『ユリシーズ』の記念日）。仕事場でひとり缶ギネスを開け、オクタビオ・パスの新しい訳本『もうひとつの声』（木村榮一訳、岩波書店）を読む。「私淑（ししゅく）する」という言い方を原義で使うなら、パスこそわが師匠。マルチニックのエメ・セゼールとともに「新世界シュルレアリスム」の頂点に位置する、強靭な知性だ。

本書は『弓と竪琴（たてごと）』、『泥の子供たち』につづく彼の代表的詩論（原著一九九〇年）。八〇年代はじめの大学院生のころ故・出淵博先生の「モダニズム研究」でテクストとして指定されたのが英訳の『泥の子供たち』で、ぼくが発表の題材に選んだ詩人はポルトガルのフェルナンド・ペソアだった。つまりはモダンの詩をめぐるぼくの展望はすべてパスに学んだものであり、パスがしめす詩への信頼あるいは賭けに、いつも励まされてきた。

ロマン主義とともに生まれた詩は「あらゆる教義と教会に対して変わることなく反抗的な態度をとってきた」とパスはいう。「情熱と幻視の声」であるそれは「別世界のものであって、しかもこの世のもの」「日付のない古代のもの」だ。そしてすべての詩人はあるとき、ある瞬間、「彼の声であって、しかも他者の声であり、誰の声でもなければ、すべての人の声」である声を聞き取る。

この非人称の声によって証言される「宇宙的友愛」こそ、言語という奇妙な不在物が人に用意してくれる唯一かつ最大の贈りものだ。そして詩がなければ人に想像力はなく、世界に高揚はなく、われわれはいつまでも友愛を知らず、無知の泥にもがいて人生を送ることになるだろう。

七月六日（金）　フランスの作家シルヴィー・ジェルマンと、東京日仏学院で対談。

充実した時間をすごすことができた。もともとエマニュエル・レヴィナスの弟子で、短い哲学的エッセーをいくつも書いている彼女だが、文章のきらめきがすごい。特に「自然」がなだれこんでくるところ。光や風、水や土の匂いにみちた文章だけを好むぼくには、抗しがたい魅力がある。

といいつつ疲れた深夜に読んでいるのは、ミシェル・セールの『白熱するもの』（豊田彰訳、法政大学出版局）。地上と宇宙のすべてを語ろうとするこの異様な哲学者の歩みは、いつのまにかここまで来ていたのか。初期の『ヘルメス』連作を手にとった学部生のころは、彼が何をめざして何を書こうとしているのか、さっぱりわからなかった。いまもその広大無辺さをまえにすると四方に水平線しか見えないような気分になるけれど、ページのいたるところに粒々と気になる光が宿っている。

分野を横断することと土地を遍歴することをみずからに課した、航海者にして通訳でもあるような機敏な道化の肖像。そんな印象だ。「私はドイツ流にベッドを整え、ケベック人の流儀で顔を洗うし、私の宗教は、祖先であるケルト人から全くかけ離れたイスラエルの預言者兼著作家に根ざしており、私は、ブラジルの職人の仕事以上に見事なものを、ブルガリア人とマリ人の民衆音楽以上に知的なものを、オーストラリア奥地のアボリジニのいくつかの壁画以上に優れた彫刻を知らない」。そしていう、「肝心なのは同語反復よりも、奇妙さの連続」だと。

「文学」とはそれ自体ローカルな慣習にすぎないが、その中でくりかえされる奇妙な出会いだけが、これまで想像されたことのなかった不特定の「われわれ」、総体としてのヒトの、普遍性を素描しうるのではないか。

七月十三日（金） 草月ホールでハイチ系のグループ「マカンダル」の公演。ヴォードゥーの儀礼をモチーフとしてパーカッションと踊りで構成するステージは、嘘っぽくも楽しめる。最前列にいたため、再三ステージに上げられ、洗礼やお通夜に参加したり、ひとしきり踊ったり。そうしながらも、全世界にばらまかれた「アフリカ的なもの」の運命を考えた。

といいつつ疲れた深夜に読んでいるのは岡崎乾二郎・編著『芸術の設計』（フィルムアート社）。「見る／作ることのアプリケーション」という副題をもつこの本は、むちゃくちゃにおもしろい。こっちに知識がなさすぎるので、何を受け止めているのかといわれると心もとないが、心はもともとない。口絵のキャプションで「技術とは同じ出来事をいつでも反復、再生できるということである」といわれると、いきなり物事の核心にみちびかれる。

建築、音楽、ダンス、美術における「設計」が論じられる。再現のためには、再現すべき技法をオブジェクトとして把握しなくてはならない。そこではすでに必ず何ら

マカンダルのおばさんダンサーたちの力の抜けた踊りも、
パーカッション群が叩きだすはちきれそうな複雑なリズムも

かのノーテーション（記譜）がおこなわれている。ノーテーションに変形規則を教えたものが、各ジャンルでのアプリケーションだろう。まったく知らなかったが、たとえばダンスの分野でも「ダンスフォームズ」や「ラバンライター」といったソフトが、すでに広く使われているらしい。

だったらマカンダルのおばさんダンサーたちの力の抜けた踊りも、パーカッション群が叩きだすはちきれそうな複雑なリズムも、そのゆらぎを含めて記述し、再現可能性を確保しておく道はあるわけだ。それではじめて気づくこと、できるようになることもあり、回避すべき禁令も見えてくるのだろう。

まずはこの夏、うちのパソコンにいろいろ覚えてもらうか。

七月十九日（木）　アフリカ東海岸の島ザンジバルといえば、海洋交易言語スワヒリ語の本場。アラブ音楽にアフリカ、インド、ヨーロッパの諸要素が混成した音楽ターラブのコンサートに行って、九十五歳のおばあちゃん歌手ビ・キドゥデの歌を堪能した。不思議なメロディ、熱と島っぽい涼しさの混合。

といいつつ疲れた深夜に読みはじめたのは大澤真幸の新著『ナショナリズムの由来』（講談社）。何だろう、これは！　この分厚さ、この重さ。ジミな装丁だが、布の表紙と裏表紙に硬貨大の凹みがあるのは何を意味しているのだろう。二十世紀芸術がゴミに近づいてきたことから出発して、ネグリとハートの『帝国』に欠けているものを論じ、二十世紀末（「グローバルな資本主義の時代」）に吹き荒れた「ナショナリズムの嵐」を考え、ネーションという近代の産物の成立と性格を論じてゆく。

大思想家を生むことがなかったのに、すべての人々を執拗に捉えつづけた「主義」が二つあるそうだ。ナショナリズムと資本主義。両者はどんなメカニズムによって連動しているのか。それが本書の出発点にある疑問らしい。興味は大きい。とはいえ、800ページ。さあ、困った。はたして通読できるものかな。言葉は平易で明快、だが相手にしている対象のあまりの巨大さのせいで、分け入る襞（ひだ）の数のあまりの多さのせいで、はたしてどこまで行けるのか、見通しがもてない。

今夜はわずかに数十ページ。明日もこの本を手にとるのか、それとも本を離れて、自分の夢想に遊んで終わるのか。いずれにせよこの博覧強記の「社会学者」に学ぶべきことは、まだまだ多いみたいだ。

風と肌について。目で見る風景は、切り取られたその一部ではあっても、持ち帰ることができる。耳で聴く音も、洗練された録音機器によって、身近に留めておくことができる。だが旅の「その場性」を担うもっとも重要な感覚は、じつは視覚でも聴覚でもないだろうと、いつからか思うようになった。「私」がある時そこにいることをもっとも直接的に教えてくれるのは、触覚だ。全身の肌が感じる空気の、温度、湿度、動き。この全面的な包囲は、どんなかたちでも置き換えることができないし、媒体に記録することもできない。だから「風が吹く、ゆえに、われあり」。旅の経験とは、結局、デカルトの「コギト」を言い換えたその文句を、いろいろな場所のいろいろな風とともに再確認してゆく過程ではないか。

ぼくは風が好きだ。旅で人が出会うもののうち、土地の「地水火風」以上に重要なものはない。同様に文学を読むときも、興味をひかれる作品では、必ずその中に光が流れ、水がみち、土が輝き、風が吹く。カリブ海生まれのノーベル賞詩人サン＝ジョン・ペルスや南仏の大作家ジャン・ジオノ、あるいはアメリカ深南部を舞台とするフォークナー。かれらの作品では、言語が刻む四大（エレメンツ）のダイナミックな渦がそのままページから溢れ出し、現実世界の光や水を呼び覚ます。

風の経験を言葉で語ったって何も伝わらないといえば、それはそうなのだが、そこは言葉の不思議。言葉が語る風につれて現実に空気が動きだし、その場が風に包まれる気がすることもあるだろう。

たちまち、いくつもの場所を思い出す。ブラジル北東部の古都レシーフェの海岸の、生温い深夜。ポルトガルの西端、大西洋の荒波が打ち寄せるロカ岬の正午。どんよりと重く曇った冬空に押しつぶされそうなカナダ、ヴァンクーヴァー島。真夏の真っ黒い溶岩平原に強烈な風が吹きわたるハワイ島。アリゾナ州の国境地帯であるソノラ砂漠では、ガラガラ蛇とコヨーテと蜂鳥が住む高原に晩夏の夕立が降りはじめる直前、巨大な熱風の塊がメキシコから吹きつけてきた。そんなすべての風に吹かれるたび、他の何によっても得られない高揚を覚え、その場にいることを激しく意識した。

ところで先日、若き冒険家・石川直樹さんから、惜しくも失敗した熱気球による太平洋横断の話を聞いた。巨大な熱気球で上空に到達し、ジェット気流に乗れば時速二百キロの旅がはじまる。驚いたことに、推進力をもたず空気とともに移動しているかぎり、速度はまったく感じず、揺れもないのだそうだ。ただ果てしない青の中にぽつんと浮遊している気分。想像するだけで陶然とする。

そこには風がない。けれどもマイナス五十度にもなる外気に包まれて、肌と存在は完全に覚醒している。石川さんの境地は、もちろんぼくには想像するしかない。だがこんどはこの想像の中で、彼の経験とこちらの日常の激しい気圧差のせいで、また新たに強い風が吹きはじめる。

ロベルトは動物使い。彼の想像力の中では、人間も乗り物もみるみる変身する。高速道路を走るバスは、そのものずばりの「グレーハウンド犬」に。並んで走る国境行きの快速トロリーは「アステカ伝説のケッツァルコアトル」（羽毛を持つ蛇）に。メキシコ側で乗り合いタクシーとして使われる大型のステーション・ワゴンは「亀の甲の下からぬっと顔を出している」「アステカの神マクウィルショチトル」に。しかもこの亀は「ロケットエンジン」つきだ。俳優チーチ・マリーンに似た中年オヤジは「突然飼い主の姿を見つけた愛想のいいチワワ犬」みたいにケタケタと笑うし、旅に疲れはて安ホテルの薄暗いベッドに靴を履いたまま「芋虫みたいに寝転んでいる」ロベルト自身は、それでもきれいで知的なメキシコ女性と初対面の挨拶を交わすとなると、たちまち気を取り直して「ガラガラ蛇が砂漠で隠れ家を探して動きまわるみたいに、ほとんど本能的に」親しみを込めた呼びかけの隠語を使う。抜け目がない獣！

文章におけるこの動物喩（どうぶつゆ）を、何でもないことと見捨ててはいけない。それは彼が長い探求の旅の中で身につけてきた、本質的な技なのだから。本書『ギターを抱いた渡り鳥』が後半に入り、少女アリシアの物語がはじまると、技はいっそう冴える。国境の街ピエドラス・ネグラスの教会の尖塔は「まるでプレーリードッグが巣穴からちょこんと顔をのぞかせた」ように見えるし、彼女が出会う国境少年は「鳥のくせに地上を走るのがめっぽう速いミチバシリ」みたいに追いかけてくる。アリシア自身の足取りもブロンコとかムスタングと呼ばれる野生馬のように軽くなり、彼女はまた「死んだふりをするのが得意なオポッサム」みたいに体をまるめて、少年の不思議な物語に耳をかたむける。するとあたりは「巨大なワタリガラスの翼みたいに、漆黒の闇につつまれる」のだ。

ぼくはよろこんだ。動物が出てくる文章は、止まらない、停滞しない。さらにこうして文字面に見え隠れする動物たちのふるまいは、正確に著者の肉体の移動や交渉に連れだっている。彼が見た風景に対応し、その風景の中に潜む動きを呼び起こす。それで本全体が、ざわざわする。わくわくさせる。ロベルトの旅に、ぼくらもいつのまにか巻きこまれている。でも、ロベルトって誰?「アメリカ文学者」という肩書きでその充実した仕事ぶりをわれわれがよく知っていた気のいい友人、越川芳明のことだ。彼が謎の東洋人として、国境の両側に住むメキシコ人たちに名乗る、そのつどの即興的舞台のための芸名みたいなもの。本書はロベルトとしての越川の、探求と覚醒の物語だ。

すでに『トウガラシのちいさな旅』(白水社)で彼自身のボーダー文化論を熱く語ってくれた彼が、本書を、またもやむせるほどの情熱とおずおずとしたハニカミをこめてさし出してくれた。二冊の本たちに明らかな姉妹の血を与えるのは、沢田としきの掛け値なくみごとな装画（それ自体チカーノ街の壁画を思わせる）と奥定泰之の周到なブックデザイン。こうして別々の出版社から、まるで国境をはさんで暮らすそっくりシスターズのような本を出せることだけで、著者がどんなに愛されているか、また彼が抱いてきた「愛」が周囲の人々からいかに尊重されているかがわかる。その愛は、すでに彼ひとりのものではありえない。その愛が日本語のために開く地平に、何か他ではありえない光があると感得している人々がいるのだ。

愛の対象は？　ロベルトの愛はまっすぐにチカーノ／チカーナたちの詩をめざして進んでゆく。チカーノ、すなわちメキシコ系アメリカ人、チカーナ、その女性形。「南」の大国の歴史と肉体と魂をそっくり引き継ぎながら、過去をできるかぎり忘却し肉体を酷使させ魂を日ごとに緑色の紙幣で買い取ろうとする「北」の大国で、かれらは生き、書き、暮らす。その苦境を、その心の「渡り」を、皮膚を刻むように、青を刺すように、書きつけたのがかれらの詩だ。だったらなぜ著者は、それに興味を抱くのか。

冒頭に説明がある。アメリカ合衆国とメキシコが接する長い国境は、現代世界の最富裕国が「第三世界」と直接ぶつかりあう断層線だ。そこには世界経済が前提とする構造的な格差が、そしてそこに生じる「奴隷制」を土台から支える性差別が、露呈する。ところがこの〈差異〉の地帯は、日本はもちろん、世界の他の多くの地域と直結している。おなじような差異・格差・差別のゾーンは、世界中にある。それなら米墨間のこのボーダーランズから出てくる詩は、他のあらゆる地域のボーダーランズから出てくる詩と、必ず響き合うはずだ。その予測に立って、越川はこの本を「ボーダー・ピープルやボーダー文学」をめぐるケース・スタディーと規定し、「社会の周縁に追いやられた人びとがどのような文学によって歴史的・社会的苦境に対処するかに焦点を当てるもの」と宣言する。

つまりこれは、ひとりの文学研究者が、世界というシステムがあげる耐え難い軋(きし)みを耳にして、その軋みの出どころを探そうと決意し、現実に旅立った、その旅の報告書なのだ。旅は十年にわたってくりかえされ、現在も継続中だ。アメリカの圧倒的な影のもとに子供時代を送った世代の日本人が、長じてアメリカ文学を研究対象として選んだ。最初は夢中だった。それでいい。でもやがてあるときふと、自分はアメリカ文学を選んだわけではなく「選ばされていたのではないか」と気づく。そのとき日本とアメリカを相対化する第三の視点として、スペイン語とメキシコが選ばれる。それによってはじめて、世界に走る亀裂、まともに覗きこめば発狂しそうになる深淵が見えてくる。だがその深淵を日々覗きこみながら、家族が仲間が飲みこまれてゆくのを見つめながら生きている人々は、実際にいくらでもいる。

ロベルトはかれらを訪ね、かれらに声をかけ、かれらの物語のきれはしを聴き取り、かれらの生を瞥見しようとする。すべてを聴き見ることができるはずはない、そんなことはよくわかっている。だから彼は詩を読み、読み続けるのだ。共同体の経験が、詩人という小さなプリズムを通して一点に光を集める、そのスポットを探して。詩は時空を圧縮し、経験と経験をショートさせる。それは世界をめぐる「ごくわずかな何か」を知るための圧倒的な手段であり、手続きや学習過程やお行儀をすっとばして、一気に他の人生たちの核心に連れて行ってくれる。

運動感にみちた各章は、散文（紀行、物語）と訳詩連作の交替によって進行する。ロベルトのつぶやきめいたナレーションを聞きながら、詩の背景をなす土地に案内され、さあどうぞ、と詩という危険なお茶をふるまわれているみたいだ。詩は甘く、幻影を見せ、また覚醒させる。現代日本語で書く最高のボーダー詩人、伊藤比呂美が本書の栞に記してくれた言葉が、また感動的だ。この本を手にすれば誰もが、自分の「直面する境界」と、自分が「手放そうとしない領域の向こう側」のことを考えざるをえなくなる。そのとおりだと思う。向こうから渡ってきた詩が、人を「世界」に、「現実」に、はじめて直面させるのだ。

教養と生存。「教養はどこにある?」と独り言をつぶやきながら、真昼なのに大きなサーチライトをつけて街を歩いている人がいる。だが教養はどこにも見つからない。見つからないはずだ、教養には実体がないのだから。教養とはその場にない x という対象を考えるとき、それをその場に呼び出すために必要な知識の群と心の姿勢の全体をさす。教養はつねに x をめざして組織され x にまつわる問題を解決しようとする。志向性と目的を欠いたジャンク知識は、もういらない。

それでもそんな「態度」としての教養を荒削りに育ててくれるのは、「文」しかない。つまり定言化された言葉のつらなり。そのもっとも効率のいい乗り物は、昔もいまも変わらず「本」だ。本を買うことはぼくの悪癖だった。ああ、またこんなに買っちゃって。読む時間もないし読みこなす力もないのに。書店にいるときは、たぶんちょっと頭がおかしくなっているのだ。突き動かし急きたてるような熱に浮かされて、遣う余裕のないお金まではたいて。そのとき買うのは可能性、時間。物としての本が保証してくれるはずの、自分の時間的・空間的延長だ。それはもちろん幻想にすぎないが、もともと自分とは想像的なものであり、幻想による「私」の拡大だって、人がそれにより「世界」に対処する仕方なのだった。「いま、ここ」に欠落を覚えるかぎり、われわれは本を買い、ふと我にかえって青ざめ、しょいこんでしまった未踏の未来に愕然とする。それでも本を買うことは、たとえばタンポポの綿毛を吹いて風に飛ばすことにも似ている。この行為には陽光があり、遠い青空や地平線がある。心を外に連れ出してくれる動きがある。それはこの場所この現在を、別の可能性へと強引にむすびつけてくれる。本とは一種のタイムマシンにして空飛ぶ絨毯（じゅうたん）でもある。

本を通じて、いまここにないものをありありと想像しようと試みる。たとえばスーダンの内戦を、中国の猛吹雪を、トンガの珊瑚礁の死滅を。あるいは、レンズを磨くスピノザを、周期表を発見したばかりのメンデレーエフを、アフリカ大陸から流木に乗って南米にむかう太古のサルたちを。こうしている間にも、南極大陸では巨大な氷床が溶けている。太陽系の果てでは、どうやら地球大の未知の惑星が見つかった。ヒトの歴史＝世界はいったいあと何年続くのだろう。そんな耐えがたい不安に抗して、きみは果敢に本を読む。ぼくもそれに倣うことにしよう。

ともだちよ。

落穂（おちぼ）＝グラフィティ。アニェス・ヴァルダ監督の『落穂拾い』（二〇〇〇年）。しずかで強烈な作品だった。すごい広さと深みのあるドキュメンタリーだが、いま何を思い出せるかというと、あまり自信がない。いくつかの顔がちらちらする。ラプランシ

ュが出てきた。葡萄園主だが、同時に哲学者・精神分析家であり、ポンタリスととも
に『精神分析用語辞典』を書いた人だ。というか、あのラプランシュの本業が葡萄園
主だなんて、このフィルムを見るまで知らなかった。変わった国だ、フランスは。エ
チエンヌ・ジュール・マレーの孫も出てきた。動物たちの動きを写真銃で捉えて連続
写真として見せた、写真・映像史上の最重要人物のひとりだが、こうしてマレーの孫
に実際の撮影に使われた場に案内されるまでは、鳥の飛翔にしてもスタジオ内で撮影
したものだとばかり思っていた。なんの根拠もなかったのに。

で、困るのは自分の記憶の癖、限界。ラプランシュやマレーの孫のことは、そうし
た思想史・文化史的知識として置き換えてしまうから覚えているのであって、肝心の
フィルムの中のかれらの顔は思い出せない。顔の部分だけ「ラプランシュ」や「マレ
ー」という文字に置き換えているようなものだ。ぼくはもともと人の顔が覚えられず、
女の子がいきなり髪型を変えてきたり、いつもスーツ姿で眼鏡の男がTシャツとジー
ンズにコンタクトレンズで現われたりすると、誰だかわからずにまごつくことがとき
どきあった。文字に毒されているせいだろう、現実の人生でそうなのだ。俳優という、
人を欺くことを本性としている人々の場合は、だから余計混乱してしまい、ある映画
のある女優Aが別の映画にまったく別の役柄で出ているとそれを別の女優Bとして受
け取ってしまうことがよくある。それである日、A＝Bだと知ると、びっくりする。

でも『落穂拾い』の重要な登場人物は、名前のない人たちだ。ある人の顔を覚えある人の顔は覚えられないのは、ある言葉は印象に残りある言葉は残らないのとおなじく、完全に人それぞれだといわざるをえないだろう。橋はそれを渡る人の数だけの別の橋。本は読む人の数だけの別の本、映画は見る人の数だけの別の映画、そして人はその人に出会う人の数だけの別の人だ。このことにぼくはいつもとまどってきた。われわれはおなじ本の話をしているのか、おなじ映画の話をしているのか、おなじ人について話をしているのか？

それはともかく『落穂拾い』では、三十年遅れのヒッピー風の若者たちと一緒に暮らしている何匹かの犬、そしてボクシングのグローヴを首にむすばれた路上の犬の姿がよく記憶に残った。もっとも後者の犬は、映画の宣伝かなんかでスチール写真を見たから余計そうなのかも。人間では、眼鏡をかけたカフェのおかみさん、ロマの女と暮らす元・長距離トラックの運転手、黒人男が拾ってきた鶏肉を料理する中国系のじいさん、市場のくず野菜を拾ってそのままもぐもぐと食べながら夜にはアフリカ系移民たちに読み書きを教えている眼鏡の初期中年男などが、比較的顔をはっきりと思い出せる人たち。ぼくは劇場で一度、ビデオで二度はこの作品を見ている（ビデオはフランス語の授業で使った）。でもそれ以上の顔はあまり覚えていない。場面としては、あとは、じゃがいも。牡蠣拾い。高速道路のトラック。

だったらくりかえし見ることのできない自分の人生について、いったい何を覚えているのか。

『落穂拾い』がとりわけみごとな作品だという印象を残すのは、ラストシーンのみごとさのせいでもあるだろう。美術館で、しまいこまれた（そのしまい方がまた無造作で驚くが）絵を出してもらって、屋外で見る。嵐が近づく畑の、落穂拾い女たちの絵。絵のキャンヴァス面がほんものの風にゆれ、絵が生き返る。驚くべき映像、驚くべき瞬間だ。だがこうした審美的側面をひとまずおいて、この作品が強い共感を誘うのは、そこに現われ通過してゆく人たちの人生がしめす、さりげない倫理的姿勢のせいにちがいない。拾うことはきわめて倫理的な行為であり、人が捨てたり落としたり失くしたりしたものに命を取り戻す、別のかたちでの生産。そんな考えと態度が、はっきりとしめされる。

所有権について考える機会にもなる。「捨てた」という意志がはっきりしていれば、それは「拾って」そのままもらっておいていい。「落とした」ものであれば、もちろん返してあげるのが親切だけれど、それをネコババするのが問題になるのは元商品（貨幣という特別な商品を含めて）、つまりかつていちど商取引を経験しているために「所有権」の刻印がはっきりしてしまったものの場合だけだろう（いまやわれわれの生活圏にある大部分のものがそうなのだが）。たとえば誰かが果実を摘んだ、道に落とした、誰かが拾った、食べちゃった。そういう場合は「ぼく的にはぜんぜんオッケーです」（うちの学生たちの口調をまねするなら）。自然物はもともと誰のものでもないのだから。自然物を「人間世界」にひきこんだ労力に対する人間同士の対価として支払われるお金が、たとえば林業や漁業の基礎にあるわけだが、それはすぐに「とればとるだけ儲かる」という論理によって、とられる側を（魚の住む海を、木々の住む森を）めちゃくちゃにしてゆく。人が所有するということのもともとの無根拠を、所有のグレーゾーンをつくグラヌールたちの行為によって明るみに出すことも、『落穂拾い』という作品がはたした大きな仕事のひとつだった。

ところで、映画は忘れる。どうしても。でも本も忘れる。忘れれば忘れるほど、見直すたび読み直すたびに新鮮なんだから、それでいいじゃないか。それは負け惜しみ。あまりに忘れるから絶望的な気分になる。だが覚えている部分もちゃんとあるのだから、ある映画をたしかにあるときには見たし、ある本をあるときにはたしかに読んだわけだ。記銘と記憶は、偶然に左右されているのか。その偶然と思っているものが、じつは自分のほんとうの輪郭なのか。

去年（二〇〇七年）の夏、和歌山県新宮（しんぐう）で、中上健次のお墓参りにむかう途中の車の中で、画家の岡崎乾二郎さんが話していたことが印象に残った。彼の言葉をそのまま再現することはできないので、概要だけ。映画というけど映画とは覚えているかぎりのことが映画なんだ。つまりビデオで何度もくりかえし立ち止まりながら、細かく精密に見てゆくようなものではない。上映時間の流れの中で見て、見終わって記憶に残っているものを言葉にして語る。その「語り」が映画。淀川長治さん。あの人の「話」。あれが映画です。

たぶんこれは岡﨑さんの話のうち、ぼくが勝手に受け取った部分だけをつなぎ合わせたものにすぎない。つなぎ合わせ、再解釈し、変形している。でも（あるいは、だから）ぼくはこの考え方に賛成。映画を見た、少しを記憶し、多くを忘れた。忘れたことは仕方がないので、記憶していることをきみに語ろう。そのようにして語る内容こそ、どれほどまずしくつたなくても、われわれにとっての映画そのものなのだ。

岡﨑さんにはロベルト・ロッセリーニの『ドイツ零年』（一九四八年）の話も聞いた。映画の終末部での少年の放浪の、なんともいえない痛切さについて。この有名な作品を、ぼくはまだ見ていなかった。それで秋もだいぶ深まってから、やっとそれを見た。驚くべき作品だった。

敗戦国ドイツをおおうのは極度の貧困。主人公の少年（名前が思い出せない）の一家は、数家族が同居するアパートメントの一室で暮らしている。少年はいかにもドイツ少年らしい金髪の子。母親はいない。父親は病床についたきり。兄は元ナチスで、捕まればどんな目に遭うかわからないと、部屋から一歩も出ない。姉は夜毎に、アメリカ人やフランス人の客が集うナイトクラブに出入りし、飲み物をおごってもらったり紙巻きたばこをもらったり。一家は家賃を払えず、電気代を払えず、食べ物もつねに足りない。ある日、少年はむかしの学校の先生に会う。先生に頼まれるがまま、少年はヒトラーの演説のレコードを外国人に売りつけたり、ストリート生活をする少年少女のグループとつきあいはじめたりする。街はすべて瓦礫。誰もが飢え、誰もが痛めつけられている。生活はうまくいかず、一家はどんどん追いつめられる。

ある時点で、先生が少年に、おまえの父親なんて生きていてもしょうがないという。なんという悪魔のささやき。病院で看護婦さんが巡回してきたときに薬のワゴンから盗み出した毒物で、少年は父親を毒殺する。そのまま外に出て、彼は廃墟の中で遊びつづける。この異様な放浪が、この映画の核心だ。歩き回り、ひとりで戦闘ごっこをし、行き場もなく、明るい光にみちたベルリンで、宙吊りにされた時間をひとりで生きている。彼の名を呼び探す姉の声にも答えず。遊ぶうちに彼は壊れたまま放置されたビルに上がる。床には穴があいている。ひとしきり遊んだあと、少年はなんのためらいもなく、この穴から自分を捨てる。捨てる。紙屑かボロ人形を捨てるように。彼を拾う人は、どこにも、誰もいない。彼は世界から捨てられた。

この衝撃的な結末が、映画の「作品内」の核心だ。だが後の時代に生きるわれわれは、この映画が敗戦国の監督により、瓦礫の山と化したもうひとつの強大な敗戦国の都会を舞台に、しかも近代史上もっとも評判の悪かったこの敗戦国の国家社会主義者たちの影や人々の醜さに目をそむけることなく、何の希望もなく、何の救いもなく、それでいて驚くべき美しさで撮られたということに、考えこまずにはいられない。そしてここに立ちこめる徹底的な絶望感が、どういうメカニズムによってか、この映画の「作品外」に、ある種の希望を生じさせるのが不思議だ。絶望しか語らない作品が、希望に似た光を生む。憎まれ蔑まれた敗戦国ドイツ、その一角でたしかにいくらでもありえた悲惨なゴミのような生涯に、大戦後のまもない時点で友情に似たまなざしを注ぐことにした、ひとりの監督の想像力によって。

アニェス・ヴァルダの作品では、他に見たことがあるのは『5時から7時までのクレオ』（一九六二年）。当時のパリの街の雰囲気を知るためにはゴダールの『勝手にしやがれ』（一九五九年）を凌駕するほどの、ライヴ感覚にあふれた傑作だ。歌手のクレオ（クレオパトラを略した名）がタロットカード占いをしてもらうところからはじまる。このシークエンスだけ、カラー。占いの結果はひどく悪くて、はっきりと「死」が出ていると占い師のおばあさんは考えている。クレオは癌の検診の結果を待っているところだ。占いの結果がひどいことを悟って、クレオは泣きながら外に出る。おつきのおばさんとカフェに入り、家に帰り、恋人を迎え、歌の練習をし、ひとりで外出し、ともだちに会い、別れ、公園にゆき。はさみこまれるのは路上の歩行、タクシーやバスでの移動。こんな5時から7時までのクレオの行動を、映画は追ってゆく。表面上はカジュアルそのもの。笑顔だって何度も見せる（劇中劇的に映画館で上映される無声短篇映画はとりわけ楽しい、主演しているのはジャン＝リュック・ゴダールとアンナ・カリーナ！）。でもクレオの心は、不安で押しつぶされそうだ。彼女には街の人々の顔が、とても奇妙なものに見えている。それでも白黒の、運動感にあふれた映像は美しく、クレオは十分に魅力的で、パリは光にみちている。この日は夏至なのだ。モンスーリ公園でクレオに、休暇中の軍服の男が声をかける。妙なことばかりを口にする、この馴れ馴れしくおしゃべりな兵士にそのまま付き添われるようにして、クレオは病院に診断の結果を聞きにゆくことにする。二人はバスでパリの街を移動する。このときまでにはクレオは自分のほんとうの名前（フロランス）を男に教えている。病院に着くと、医師はもう帰ったと告げられ、会えない。二人は外に出てベンチに腰かけ、しずかに話をする。クレオは男の住所をたずねる。木々が美しく、光が美しい。ある種のあきらめまじりの静謐に達したとき、探していた医師が屋根のないスポーツカーで通りかかり、心配することはないから放射線治療をはじめよう、といわれる。兵士はクレオの兄だというふりをしている。そして最後には、クレオは冒頭でのあの不安をいつのまにか克服していて、病とむかいあい、治療にとりくむことを決意する。二人の視線が交わされるところで、終わり。たぶん、以上のような流れで大きなまちがいはないと思うのだが、やっぱりあまり自信はない。

兵士との会話、兵士がはさみこむ雑学、無為の知識、おしゃべり、笑顔。そうした無駄な時間によって、また目にし匂いをかぎ存在を感じる植物たちによって、クレオの心のお天気が変わるようすが、この映画の主題だといってもいいだろう。かかえていた病が癒えたわけではない。でも、それを彼女は受け入れた。宣告を待つ宙吊りの時間が終わって、意志的なしずかな戦いの時間がはじまった。この変化をもたらしたのが「休暇中の兵士」だったということに、意味がないはずがない。当時はアルジェリア戦争の最悪の時期だった。フランスにとって最大の植民地が独立にむかう過程、フランス植民地主義の最大の挫折の過程で、虐殺された被植民地の人々のみならず、フランス人の側にもたくさんの戦死者が出た。クレオと言葉をかわしたこの兵士だって、戦場に戻ればすぐにでも死に直面する。彼もまたひどく追いつめられた気持ちだったはずだ。人ひとりひとつの死との直面という絶対的な平等原則を思うことで、その恐怖をやりすごせる人ならともかく。あるいは、単なる恐怖という以上に、すでにフランス国内世論も大部分は独立を支持しているアルジェリアに戻るとすれば、それは自分が加担する、いつのまにか加担させられている、巨大な卑劣さとの直面を意味することにもなる。それも、人ひとりひとつの卑劣さとの直面？

クレオのさまよいは、『ドイツ零年』の少年のそれとはちがう出口を見つけた。放浪の二つの形態、そして二つの戦争の影。少年は無限定のさまよいに、みずから終止符を打つ。クレオは時間の決まったさまよいの果てに、生きる時間の別の段階へと移行する。そしてあらゆる芸術作品は、映画であれ、本であれ、絵画であれ、音楽であれ、人を別の時間の中に招き入れ、その人のふだんの生活を中断させ、宙吊りにし、忘却させることに、根本的な秘密がある。その上で、作品を通じて時間の別のステージが垣間見えたとき、われわれはそれを希望として感知する。

ところで。ちょっと前に、ぼくは札幌で雑誌「グラヌール」を発行する石塚千恵子さんに宛てて、こう書いた。「拾い物からの連想で、落書きのことを考えました。誰かが落としていったものが拾われ新しい命を得るのがグラヌールの精神だとすれば、文章もそれはおなじ。誰かが落としていく、誰が読むのかは誰も知らない、でもきっと誰かが、思いがけないとき・ところで拾い読みする。拾い読みされることは別に落書きに限らず、すべての文章の宿命なのかもしれません。まあ、ぼくが書いているものなんかはもともとぜんぶ落書き、翻訳しているのも通常の回路に乗らないものの拾い訳が多いので、余計に現実感があるのかもしれない」

それで、いま書いているこれもやはり落書き。おもしろいことに「らくがき」に「落書き」と「落描き」の区別は、ふつうつけない。つまり文字も絵もおなじレベルのものとして扱われる。大きさにも、場所にも、素材にも、なんの制約もない。もともと極端にサイト＝スペシフィックで、一回的で、持続はしても永続はせず、はかない。平面を相手にするとき、「らくがき」こそ、もっとも自由な、もっとも無限定な、最高のジャンルかもしれない。

そしてさらにおもしろいことに、「らくがき」には通常、所有権の侵犯が関わってくる。「自分のもの」ではない何かに書く／描くから、それは「落とし物」であり、droppings（鳥や獣の糞）にも、ギャングたちのテリトリーの主張にもつながってくる。そう考えると、「本」はすでにあまりに硬く制度化されているようにも思えてきた。本のかたちをとれば、書店で売られたり、図書館に並べられたり。個人の部屋の中でも、本棚に立てられたり、机に積まれたり。モノとしてのそれなりの「お行儀」が決まってくる。もちろん流通や収蔵のための便利さを考えれば、本という形態は圧倒的にすぐれている、ぼくは本が大好きだ。でも本におさまらないもの、ずっとプリミティヴなもの、何かの芽生えみたいなものには、「らくがき」以外の存在の仕方がないものがたくさんあるようにも思う。「らくがき」だけが救う表現、命。

そしてときには、極限的な弾圧の中での、生命を賭けた「らくがき」がある。今年になって翻訳が出たアルゼンチン出身の（もっとも生まれはベルギーで最後はフランスに帰化して死んだ）巨匠フリオ・コルタサルの短編集『愛しのグレンダ』（野谷文昭訳、岩波書店）に収められた「グラフィティ」の場合がそうだ。一九七〇年代、軍政下のアルゼンチンでは、学生をはじめとする抵抗勢力に対する徹底的な弾圧がおこなわれた。数万におよぶ市民が行方不明になり、その多くが軍により拷問を受け虐殺されたことは公然の秘密だった。ブエノスアイレス市街地の中心部プラサ・デ・マージョには、行方不明者の母親たちが集い、無言の抗議行動を続けていた（ぼくがブエノスアイレスに行った一九八一年にもそれは続いていた）。

短篇「グラフィティ」では、都市と時代は特定されない。だが舞台がブエノスアイレスではないとは、思えというほうが無理だろう。ここでは夜間外出禁止、政治的メッセージを発することは絶対禁止。大きなターゲットになるのは「らくがき」で、特にそこに文字を書きこむことはタブーだった。この街この状況で、「あなた」は「らくがき」をはじめる。別に政治的な意図はない。退屈していたから。描くのがおもしろかったから。色チョークで街角に「らくがき」をする。たった一度、「ぼくも痛みを感じている」という文句を書きつけてみたが、それはただちに警官に消されてしまった。それで、以後は絵だけにした。するとあるとき、自分の描いた絵のすぐそばに、応答のようにして別の絵が描かれるようになる。らくがき同士の対話がはじまる。絵と絵との、意味を超えた対話だ。「あなた」はもうひとりの作者が女性であると空想する。やがて「彼女」の姿を見てやろうと、自分の描いた絵の場所を見に行くことにした。すると思いがけないサイレン、サーチライト、人だかり。誰かが、「彼女」が、いままさに警察に捕まり連行されるところだったのだ。「あなた」にできるのは、警察で彼女がどんな扱いを受けているかを想像することだけ。そしてひと月の後、「彼女」が捕まったあの場所に戻り、「あなた」は色チョークで描く。

あなたは、同じ場所、あの日彼女が画を描いて残していったところに立ち、叫び声を緑に、メッセージを受け取った合図と愛を真紅の炎に託して扉板を埋めつくし、全体を楕円で囲んだ。それはあなたの口であり、彼女の口であり、希望でもあった。（151ページ）

この絵を「あなた」はくりかえし見に行く。午前中に一度、昼に一度、日が暮れるころに一度。なんの変化もない。ところが午前三時に、最後にもう一度そこに戻ってみると、自分の絵の左上に、とても小さな別の絵が描かれているのだ。

あなたは渇きと恐れが入り交じったような感覚を覚えながら扉に近づくと、オレンジ色の楕円と紫色の斑点を見つめた。するとそこから、膨れ上がった顔や垂れ下がった目玉、殴られてつぶれた口が、今にも浮かび上がってきそうに見えた。（152ページ）

そして「あなた」はこれを「彼女」からの「やめないで」というメッセージとして受けとめる。「らくがき」をやめないで。言葉ではなく、絵でいい。何を表すのかもはっきりしない、色とかたちでいい。描くことをやめないで。なぜやめてはいけないの？と、「あなた」に代わって私たちが問いかけることは許されるだろう。そして私たちは、その問いにすぐに自分で答える。

なぜなら、「らくがき」が禁じられているから。

色とかたちを残すことは、私たちがここにいたことの証明だから。

色チョークの痕跡は、美しいから。

すべての壁が、「らくがき」を求めているから。

私たちとおなじような気持ちでこの都市を生きている人が、他にもいることを知っているから。

支配が貫徹したこのよそよそしい街路を、自分たちの熱のほうへと、生きることへと、取り戻したいから。

時間を別のステージにむかって開きたいから。

つまり私たちには、自分のためにも「あなた」や「彼女」のためにも、**希望を作り出す**必要があるから。

遠い島の火口湖で。思わずぽかんと口を開けていた。こんなに美しい場所があるなんて。この春、ひさびさにそんな経験をした。春といっても行った先は南半球、秋。そこは東京での生活からは遠く、それどころかすべてから遠い島だった。

ラパ・ヌイ。スペイン語名でいうならパスクア島、英語はイースター島と呼ぶ。チリの海外領土だ。南米大陸からは3700キロも離れている。もっとも近い、人が住む陸地はピトケアン島で、ここまでがざっと2000キロ。足を伸ばしてタヒチまでは4000キロ。まさに絶海の孤島だ。

ポリネシアの大三角形というと、ハワイ諸島、アオテアロア＝ニュージーランド、そしてここラパ・ヌイをむすんだもの。広大な太平洋にみごとに描き出されたその図形には、たぶんヨーロッパ全域からパキスタンあたりまでがすっぽり入るだろう。それだけの広さをもちながら、同系統の言語を話し、よく似たライフ・スタイルで、頑強な人々が暮らしている。世界最大の文化圏といってもいい。それがポリネシアだ。

かつてハワイとアオテアロアに住んだぼくにとって、ラパ・ヌイはぜひ訪れてみたい土地だった。三角形を完成させるために。観念的に聞こえるだろうが、観念的でない観光旅行はない。そして行ってみると、島の言葉はアオテアロアのマオリ語に酷似し、人々の顔もよく似ていた。その一方で、ここはチリの国立公園。社会生活の基本はスペイン語で営まれ、海軍基地があり、本土からわたってきた人たちもたくさん住んでいる。たくさん？　いや、人口は少ない。居住者は四千人にみたない。観光客やサーファーはたしかに目につくが、どの一日をとっても百人を大きく超えることはなさそうだ。

こうして、ポリネシアとラテンアメリカが重なり合うこの島を訪れて、ぼくは三日間の滞在を、この上なくのんびりと楽しんだ。

美しさの頂点はいきなりやってきた。島の南端近く、海辺にある火山ラノ・カウに登ったときのことだ。ガイドのテ・ランギ（「空」という意味の名前、これはマオリ語とまったくおなじ）にみちびかれてぽっかりと開けた山頂にゆき、息を飲んだ。火口は浅い湖になり、湿原になっている。水面の半分ほどが、まだら状に葦(あし)のような草におおわれて、露出した水面には朝のすみわたった青空と流れる白い雲が映っている。火口縁からはるか下方の水面を見はらすのだが、恐いほど鮮やかな緑、青、白の対照ぶりだ。そのしずけさ、風の強さ、清浄さ。そして火山のわきにあたる切り立った崖の先はもう太平洋で、何もない、何もない、ただ水平線が二七〇度にわたって視線のさまよいを許してくれる。爽快だ。目が覚めるような経験、声を立てて笑うしか反応のしようもない経験だった。すぐそばを、敏捷な鳥がかすめるように飛んだ。

屈強な体つきで、手の甲から腕へと幾何学模様の刺青をした坊主頭のテ・ランギは、いかにもポリネシア系。島人仲間とは、つねにラパ・ヌイ語で話している。彼の説明によると、水面に生えた草はチチカカ湖にある草の近縁種で、まちがいなく南米大陸原産だそうだ。この島で独自に草が誕生したわけはないのだから、この景観がヨーロッパ人の渡来以前からのものであるとすれば、誰かが大陸からその種子を（意図の有無はともかく）ここにもたらしたわけだ。

ノルウェーの考古学者トール・ヘイエルダールが、バルサ材の筏（いかだ）コン＝ティキ号によるペルーからツアモツ諸島（フランス領ポリネシア）への横断実験を成功させたのは、一九四七年。おなじような素朴な筏で大陸からここに漂着した人が、はるかな昔にもいたのだろうか。あるいは人ではなく、遠い旅をいとわない海鳥が、そんな種子をかかえて飛んできたのか。

沖合の三つの小島はマヌ・タラ（軍艦鳥）の繁殖地だ。かつては毎年、春の産卵の季節になると、若者たちが最初の卵を手に入れようと競い合った。まず洞窟にこもって、産卵の瞬間をじっと待つ。その間、かれらには芋や伊勢海老などのごちそうがふんだんに供される。いざ鳥が卵を産んだら、サメが出る荒々しい海を泳いでわたり、卵を大切に額にくくりつけ、ふたたび泳ぎ戻って島の断崖絶壁をのぼってくる。このレースの勝者が「タンガタ・マヌ」すなわち鳥人。彼は強い権威をおび、その年の島に英雄として君臨する。豊饒の儀礼であると同時に、ある種の権力のコントロール法でもあったのだろう。

それはテ・ランギに聞いた話。ラパ・ヌイといえば謎の石像モアイで、もちろん非常に興味深いのだが、ここではふれない。火山を下りて島の唯一の町ハンガロアに戻り、ぶらぶら。するとどんな考古学も伝説もなく、奇妙に空気が明るい、ひなびた村のようすが楽しい。チリ南部のプエルト・モントのあたりを思い出す。カウアイ島（ハワイ）の田舎町みたいでもある。舗装道路をちょっとはずれると、赤土のでこぼこ道だ。野良馬がのんびり歩く。じゃれあって遊ぶ犬たちもいる。

そんなありきたりなおもしろさの中で、さっき見てきた火口湖の美しさは、たちまち思い出になっていた。そしてラノ・カウというその名前が、これからの自分にとって特別な意味をもつこともわかっていた。

鳥人の歌声とこぶについて。経度をわたり緯度を超えることが苛酷でないなんて誰にいえるだろう。ラパ・ヌイから戻ってくると秋はまた春に逆転し、体内時計は狂いっぱなしでガシャガシャと音を立てた。桜が咲きはじめている。空は濁っている。翌日、港大尋から一枚のＣＤが届けられた。

だが頭の中はラパ・ヌイの残像でいっぱいなのだ。チリの海外領土、復活祭（パスクア）の島、英語名はイースター島。巨大で重いモアイ様たちがひたすら沈黙し不動を守り、その周囲で風が渦巻く土地だ。そこは考えられないくらいシーンとした宇宙の果て。金星は月のように明るく、月は太陽のように無情だった。岸辺にそそりたつ火山ラノ・カウの鉱物的なまでに美しい火口湖のほとりから太平洋を見下ろすと、そこはタンガタ・マヌ（鳥人）の儀礼の場所だ。沖合にある小島まで、海を泳いでわたり、春の最初の海鳥の卵を持ち帰った者が、その称号を得る。絶壁を飛び降りる姿と、水をひたすらかきわける姿が重なって、脳裏に明滅する。ポリネシア言語では鳥はマヌ、海亀がホヌ。この類似が妙に気になる。亀こそ海中の鳥、鳥こそ空の亀なのか。それから港大尋（まったく何という海洋的な名前だ）のＣＤをかけると、最初に聞こえたのは鳥の叫びだった。

そらがみんなをみている。真実。むいみなじんせいをわらってる。戦慄。きぎはなにもかたらず。正確な観察。しらをきってだまってる。突然の解放。沈黙を沈黙として認めるこの声によってわれわれが解放される先はただちにアマゾナスの密林で、そこにはすでに川が流れ、樹木が生長し、地水火風の乱舞が、あらゆるざわめきを呑み込むしずけさのうちに現われていた。驚き、目をみはった。耳がぴんと立つ。これは鳥人の勝利の歌だ。何に対する勝利でもない。世界そのものから貸与されたリズム、旋律、声の肌理が、いまここに集ったことを確認する、そのよろこびを勝利と呼ぼう。

歌とともにその場に垂直に立ち上がる光のすじ、ひとすじ。その周囲に離合集散をくりかえすのが言葉の群れで、その運動感をたとえるには、やはり鳥たちの雑多な群れを引き合いに出すしかない。ここから、港の鳥使い的な魔術がはじまる。

その音楽のゆったりした凝集力と波について何かを語れというのは、ぼくにとって酷だ。だがその言葉の緊張感にみちたあてどなさ、遊び、ひろがり、逃走についてなら。耳を傾ければ、そこでくりひろげられる意味世界の獣道、三次元的な鳥の飛跡の錯綜が、ころげまわるほどおかしくおもしろく、跳ねまわらずにいられないほど挑発的だ。遊びとは変換可能性、可動域の拡大、法規の棚上げ、別の規則の発明。港の歌は声とリズムにおいてジャンルを遊ばせ、歌詞の表面で意味を転ばせる。でもそれはノンセンスの対極だ。冷静に意味が追求されている。「飛ぼう」と意志しなければ鳥が飛び立つことはなかっただろうという進化史の大きな謎に似て、意味を最初から安易に放棄するならこれらの歌詞の清浄な一貫性は生まれなかっただろう。詩とはリズムの批判だ。鍛鉄は火による鉄の批判、旅行とは世界による私の批判、楽器とは事物による身体の批判だ。こうしたすべての批判をひきうけながら、港ははらりと布をひるがえすようにして群れなす鳥を飛ばし、みずからを鳥にする。「もしも」が語ろうとする言語と不在の秘密、「声の重力を測るとすれば」が解く声という特殊な振動の性質、「友よ、どこにいるか?」がつぶやく出会いの不可能とその果ての希望、そして「ギター」が子供の率直さで口にする感動的な真実。「誰のものでもない／うたはうたに過ぎずだけどうたう／どこのものでもない／西でも東でも北でも南でもない／うたがうたう／うたがうたう」

詩人、歌手、タンガタ・マヌ、タンガタ・ホヌ。港大尋、どこの港にも帰着しない航海者、大洋の孤絶以外どこにも所属しない希少な鳥、貴重な海亀。ポリネシア＝多島性の魂。だが忘れてはならない。ラパ・ヌイはヨーロッパ人の暴力的な進出よりずっと前からポリネシアと南アメリカの唯一の接点であり、ラノ・カウの火口湖で湿原を形成する草はボリビアのチチカカ湖の草の近縁種なのだ。チリは一種の島だとはいえ、そこからアンデス山脈を越えるならあとは大西洋まで波打つ高原と壮大な平原がつづく。さらに北上すれば世界最大の森林。そんなすべてを、彼は目を閉じたまま試みる飛行によって、耳の飛翔によって、風の音の底をすくうようにして発見しつづける。

アルバム・タイトルの『声とギター』は、偉大なジョアンゥ・ジルベルトの傑作『ヴォズ・エ・ヴィオランゥ』に対する敬意からつけられたものだろう。もちろんその精神はボッサ・ノーヴァ、新しいボッサだ。「ボッサ」とはブラジルのポルトガル語で「こぶ」「才能」「感覚」を意味する。港の驚くべきこぶがなしとげたリズム批判の新しいかたちが、いまきみの手元に届いた。

動物説教と犬の教え。リスボンの町の古い区域を歩いていると聖アントニオの名を冠した教会堂にゆきあたり、そこでリスボンの守護聖人がこの人だということを知った。リスボンの名家に生まれコインブラの大学で勉強していたアントニオ青年は、あるときモロッコで殉教したフランチェスコ会修道士たちの遺骸が町を通るのを見て感激し、みずからもフランチェスコ会に加わり、アッシジの聖フランチェスコの生涯に範をとった修道生活を送ることにした。この十三世紀の聖アントニオはやがてイタリアのパドヴァを拠点にして暮らしたため、通常「パドヴァの聖アントニオ」と呼ばれる。古代四世紀のエジプトの聖アントニウス（「修道生活の父」にして「聖アントニウスの誘惑」伝説の主人公）とは別人だ。けれども荒野での苦行を重んじ鳥獣たちに身近に生きたことにおいてはおなじで、リスボン出身の聖アントニオを描いた図像では彼はたとえば獣たちに、たとえば魚たちに、説教をしている姿で描かれる。魚たちは神妙な顔をして、丸い目を見開き、中世ラテン語か中世ポルトガル語かいずれでもない魂の言葉による説教に、じっと耳をかたむけている。それは口を開けば小鳥や獣たちが集まってきたという聖フランチェスコの姿を別の場所で再現するものであり、「自然」や「動物」に無関心だったキリスト教の伝統の中に突如として異教的な「太陽は兄弟、月は姉妹」という宇宙観をもちこんだ聖フランチェスコの後継者には、いかにもふさわしい絵柄だった。

たとえ信仰を説くのがむりでも、動物と話をすることができるなら。ドリトル先生をもちだすまでもなく、それは人の究極の夢のひとつだ。人の世のバベル状況（互いに言葉が通じない）などは、どれほど危機的だとはいっても、別になんでもない。所詮は人同士。言葉が通じなくても利害関係が一致すればいくらでも一緒に行動するのが人間だ。人間相互のディスコミュニケーションよりもはるかに重大な危機として、人は大地との、植物との、動物たちとの、コミュニケーション（行動の調整）の回路を見失ってしまった。フランチェスコやアントニオのような先駆的エコロジストが登場した背景にあったのは、おそらく当時のヨーロッパで大規模に進行していた森林破壊＝農地化であり、動物たちの虐待と駆逐だったと見るのは、しろうと考えではあってもまるで的外れではないだろう。世界のどこでも見られたはずの、土地に根づき土地が与えてくれるものによって暮らす「土着的」世界観では、動植物の霊に対する畏れと感謝の気持ちは、それを見失えばどんなしっぺ返しをくらっても文句はいえないほどの、生存を賭けたもっとも基本的なプロトコルを支えるものだったはずだ。組織的農業による蓄積をめざすキリスト教世界が、そうした古来の道から本格的な逸脱をはじめたとき、あからさまに「異教的」な自然観をもった聖人たちが登場して、失われたコミュニケーションの途をとりもどそうとする思想を、その身振りによってしめしたわけだ。エジプトの聖アントニウスは豚を連れ足元に火が燃え肩にタウ十字（T型の十字架、ギリシャ語のテオスつまり神の頭文字）をつけた姿で描かれるのがつねだが、足元の火災は中世にいたって彼の遺骸への祈願が治したとされる病（丹毒）の象徴であり、豚はその脂が丹毒（たんどく）の薬になると考えられたために聖人の随伴動物となったのだという。ポータブルな火災は楽しく、豚はまるで犬のようにかしこく見える。だがこのご利益的な説明の背後に、現実の豚飼いの姿がなかったとは考えられない。森でドングリを食べて育ちやがて村で食われる豚は、人が森を征服し手なずけるにあたっての最前線でうろうろする獣であり、猪（野獣）から豚（家畜）への転化をヨーロッパ世界にまのあたりに見せた、生きた実例だったにちがいない。猪から豚へ、森から畑へ。ここで二人の聖アントニオは、自然世界に対する教育者として、ひとつに重ねて映し出される。アントニオさまのように豚を飼おう、豚になつかせこちらのいうことを聞かせようという農民たちの巨大な願望が、そんな図像表現のかたちをとった。だが動物とは、いうことをきかないものの代名詞でもあった。猪が家畜化されて豚となったのは確実だが、狼と犬とは狼が犬になったのではなく共通の祖先動物から分かれたのだと考えるほうが、どうやら正しいようだ。それでもいずれにせよ、人間の力が及ばない自然空間と人間化された居住空間のあいだの亀裂が、猪と豚、狼と犬を隔てていることに変わりはない。人が人間的世界を拡大し、地表にその秩序を確立するにあたって、否定されなくてはならなかった多くのものが、こうした分割の「あいだ」に身を隠している。逆にいえば、こうした「あいだ」を住処として数多くの怪物的存在が想定され、その想定によってヒトは人間世界の規則を確立し、人間のある者はそんな「あいだ」へと追放されて怪物を演じることを社会から課せられることにもなった。以前、阿部謹也の遺著『近代化と世間』（朝日新書）で読んだ「人間狼」の話。中世、殺人という大罪を犯したものは、人間の共同体から追放され、「狼」とおなじ扱いをうけることになった。もはや人ではないのだから、狩猟され殺されても文句はいえない。村を離れて森に住む者として、寒さをしのぐために狼の毛皮を身にまとえば、いっそう彼は狼に近づく。そうした「人間狼」たちが集団を作ることもあり、それが森から里に出てきて物をねだるのが、いまに残るハロウィーンのトリック・オア・トリートの原型なのだという。そして恐るべきことに、かれら人間狼は「平和喪失宣言」（この用語の響きが恐い）をうけていたため、もはや扱い上は「死者」だったという。かれらは人の世に死んで、狼として死後を生きている。ドイツ語では Wiedergänger（ふたたび来った者）とも呼ばれたかれらは、フランス語でいえば revenant（回帰せし者、亡霊）にあたるわけだろう。ということは、ティム・ロビンス監督による、ショーン・ペンが死刑囚を演じた映画のタイトルになった dead man walking という奇怪な英語の表現も、このあたりに起源があったわけかと納得される。死刑囚が最後に独房から処刑室にむかうとき、看守は彼を引き立てながら“Dead man walking!”と声をかけるのだ。さあ、死者が歩くぞ。つまり男はそのとき、もはや人間世界から追放された、文字通りの「生ける屍（しかばね）」として扱われているということだ。

人殺しが「人間狼」と見なされるようになるまでには、もちろん「狼が人を食う」というできごとが、古来数えきれないほどくりかえされてきたにちがいない。それがあったから、こんどは「人を食う」という大罪を犯した人間が狼にたとえられ、「人間狼」とされた。人はたしかに猛獣だが、ただ他の獣たちを食うばかりではなく、人が人になったころからですら一貫してまた食われる側でもあったはずだ。濃密な大森林がおおっていたかつてのヨーロッパでも、たとえば子供が狼にさらわれ食われてしまうといった事件は、どの村でも避けがたく起きていた。そしていっそう困ったことには、まるで狼のように人の子をさらって食ってしまう人間も、どうやらひっきりなしに実在したらしい。フィリップ・ヴァルテール『中世の祝祭』（渡邉浩司・渡邉裕美子訳、原書房）には十六世紀のルーカス・クラナッハの興味深い版画「赤ん坊を連れ去るオオカミ人間」が引かれているが（141ページ）、子供をさらって狂熱のうちに供犠にかけ食ってしまう異常な集会がサバトと呼ばれ、それに参加する者たちは魔女・魔男と呼ばれ、かれらの存在はキリスト教以前からの伝統に属するものだった。そもそもキリスト教のはじまりを反復している「聖体の秘蹟」自体、「キリストが最後の生贄（いけにえ）としてみずからを犠牲にしたのは、キリスト教定着以前のすべての宗教に見られた人身御供（ひとみごくう）や動物の生贄に終止符を打つためだった」とヴァルテールはいう。暴力の習慣に、暴力を再現＝代行＝表象する儀礼により、歯止めをかけること。とはいえキリスト教がもつこの原初的な供犠の構造は、結局そこからはみ出した部分（「魔」の分け前）をずっとひきずったまま、長い中世の森を抜けて近代にまでいたったのだった。

「人間狼」たちは、法と法外、人間と野獣、社会と自然の境界に、見え隠れする怪物だ。だがこうして人の中の狼を狩り出してみても、狼のことは何もわからない。現代において、生きた獣としての狼のことを少しでもわかっているといえる人間は、みずから狼の群れのリーダーとなったドイツ人の元パラシュート部隊兵士ヴェルナー・フロイントだけだろう。『オオカミと生きる』（今泉みね子訳、白水社）は彼の壮絶に実験的な人生の記録であり、そこで彼が肉体的に経験した狼との近接ぶりは、人類史上でもまず例がないものにちがいない。ぼくが特に興味をひかれたエピソードのひとつは、満月に対する狼たちの反応だ。引用する。

月が満ちてくるとき、そして満月のとき、オオカミの行動は変わる。彼らにとって夜は昼になるのだといってもよいほどである。オオカミたちは何回か休息をとる以外は、一晩じゅう囲いの中を落ち着きなく歩き回る。普段は早朝まで眠り続けるのだから、これはまったく正反対の行動といえる。この期間は私も彼らに合わせるほかなかった。といっても、私は夜のあいだ休む必要があったから、もちろん夜どおし囲いの中で過ごすことはできなかった。オオカミたちはこの期間中は日中に普段よりもたくさん眠ることで、埋め合わせをしていた。（68ページ）

そしてフロイント自身、この昼寝に際しては狼たちとともに地面にだらりと横たわり、おなじ匂いおなじ湿度の中で、夜を取り戻すかのように眠るのだった。フロイントの戦略は、自分自身が狼の行動様式と狼の言語を習得することにあった。狼として認められることにあった。よく飼い犬のことをさして、「この犬は自分が人間だと思っている」という言い方をすることがあるが、ぼくはそれはちがうと思ってきた。犬はむしろ人間のことを特別な、直立二足歩行をする、体の長い犬（ロング・ドッグ）だと考えているのではないか。フロイントを群れの超位者としていただく狼たちは、彼を狼として認めている。だから狼のプロトコルにしたがって、親愛の情をこめた荒っぽい挨拶もするし、体当たりもするし、威嚇することも、彼の好意をめぐって争うこともある。その地位を保つために、フロイントは四つん這いになって生肉をまずみずから食いちぎり、遠吠えの声を上げ、狼たちを舐め、かみつき、抱きしめる。われわれはその話を聞き、数々の写真を見て、あっけにとられるばかり。フロイントと狼の近さは、通常の人間と犬の近しさを、まるで寄せつけないほどに近い。

犬はどうか。犬となら、普通の人間にも、親密な関係がむすべるのではないか。犬なら、われわれが聖アントニオでなくてもお説教におとなしく耳をかたむけ、ときには人の言葉を介在させない、心から心への奇跡的な意志の疎通を経験させてくれるのではないか。生涯に千頭以上の犬を飼ってきたというムツゴロウ先生・畑正憲は、「犬の祖先は狼」「犬の祖先はジャッカル」という説のいずれにも反対で、特に狼犬（狼の血が実際に入っている）は何世代かにわたって飼っても犬とはどこかちがうと考えている。狼と犬は近縁種ではあっても、過去のある時点（一万五千年前か十万年前か）で共通の祖先から分化し、人との共生を選んだ系統が犬となり、山野での独立した生活に即してみずからの社会行動を発達させていった系統が狼となった、ということだろうか。両者は子を作り、その子にも生殖能力が残る程度に、種としては近い。だがその行動や、たたずまいや、それらからうかがえる心のあり方が、どうやらひどく異なっているらしい。そしてこの「どこかちがう」という漠然とした感覚こそが真実をついている場合だって、いくらでもあるはずだ。

犬は人になつき人とともに暮らすことで犬。かれらには、野生に戻るくらいならどんな目にあっても人間のそばにいたいというところがある（いわゆる「野良犬」だって、人間の居住区を去って山野をめざすわけではない）。民俗学者の篠原徹が書いている、エチオピア南部のコンソの人々と犬との関係が、妙に心に残る。

　コンソは山麓の出作(でづく)り小屋でヤギ、ヒツジ、ウシの混群を飼養している。彼らはこの出作り小屋でしばしば小さなイヌを飼っている。それは気の毒なほど虐待されるもので、餌は骨の髄さえない（人間が食べてしまう）本当の骨だけとソルガム（モロコシ）の煮た団子（コンソの朝食）を一つ二つ与えるだけである。ぶっ叩かれ、石を投げつけられ弄(もてあそ)ばれるこの痩せさらばえているイヌをみるのは哀れであった。野生に戻ったほうがはるかにいいのにと思ったが、なぜか人のもとを去ろうとはしない。それでも牧童が連れて歩くヤギやヒツジに私が触れようとすると低い唸り声をあげて威嚇する。そして牧童の命令に猛然と人でも襲う。この「忍従のイヌ」の存在はコンソの文化の不可解さと同様に不可解である。

（国立歴史民俗博物館・編『動物と人間の文化誌』吉川弘文館、13—14ページ）

いじめられようが、ろくな餌をもらえなかろうが、人に執着し、まとわりついて離れず、少しでもお役にたとうとする、いかにも悲しい根性。だがそれがその土地の犬の生きる道であるならば、われわれが何をいってもはじまらない。そんな哀れなコンソの犬たちが人の言葉を理解しているかどうかはわからないが、いくつもの言葉を理解する犬というのもたしかにいるようだ。すべての犬種の中でいちばん頭がいいという定評が確立したのは、ボーダーコリー。なかでも「リコ」という名前の雄のボーダーコリーの言語能力が注目を集めたのは、今世紀に入ってからのことだ。二〇〇一年、ドイツのテレビ番組に出演したリコは、二百以上のおもちゃの名前を記憶していた。

ライプチヒにあるマックス・プランク進化人類学研究所の調査によると、リコは人間の幼児程度の早さで新しい名前を覚え、その習得テクニックは人のそれとおなじだという。このリコの登場に刺激をうけて名乗りをあげた他の犬たちの中でもっともすぐれていたのが「ベッツィー」で、その語彙は三百語以上。ある単語を一、二回耳にしただけでその聴覚的パターンをつかみ、意味にむすびつける。その習得の速さは、大型類人猿をしのぐ。そしてこの認知は音声言語に限ったものではなかった。認知心理学者のユリアーネ・カミンスキーがおこなった実験は、それまで見たことがなかったおもちゃを白地の背景で撮影したカラー写真をベッツィーに見せ、別室に並べた四つのおもちゃとそれぞれの写真から、該当するおもちゃをもってこさせるというもの。試みるたび、ベッツィーはそのおもちゃの実物あるいはそれを写した写真を、ちゃんと選んでもってきたそうだ。写真という平面図像の意味を、ちゃんと理解している。目と耳を十全に使って人と羊のあいだで仕事をしてきた犬種ならではの、すぐれた認識力だ（"Minds of Their Own," *National Geographic*, March 2008, pp. 48-49）。

犬と猫がすべてのペット動物の中で現在のような優越した位置を占めるにいたった唯一の理由は、かれらが飼いやすく、また人の声や仕草によく反応するからにちがいない。たとえば兎は飼えば非常にかわいいが、犬はおろか猫ほどにも反応することはない。猫はその気ままさが優美な仕草とともに愛されるが、犬は他のどんな動物にも見られないほどの反応のよさで人を魅了する。このことは否定しがたい。人との交際にすっかり倦んだミザントロープ（人間ぎらい）にすら、犬はなつき、忠実でありうる。イグアナなどの爬虫類になると、餌をもらうという以外の動機で人に反応するとは思えない。

動物と人との交感を考えたとき、ぼくがとっさに思ったのは以上のような「狼の言葉を学んだ人間」と「人間の言葉を学んだ犬」のことだった。どちらも、まだまだごく限定された範囲内のことではあるが、ヒトという動物種の経験の中で特別な位置をしめる、異種間コミュニケーションのきわだった実例だとはいえるだろう。

ともあれイヌという「種」がわれわれに対してもつ尋常ならざる魅力の一端をなすのはその「犬種」（ブリード）の多さであり、過去一万五千年ほどの飼育歴の果てにここまで多様で性格も異なる犬種がそれぞれに独自性を主張するにいたったことに、ヒトの地球上での拡散と完全に並行するかたちで進行したイヌの分化とライフスタイルの確立の不思議を感じずにはいられない。たとえばブルドッグ（イングリッシュ・ブルドッグ）という、この上なく特異な風貌をした、温和な性格の犬種がいる。見事に完成された姿と気質をもつ伴侶犬だが、その巨大な頭、つぶれた鼻、短くてずんと太い体軀（たいく）のせいで、呼吸器系の障害も多く、出産は帝王切開に頼らざるをえない。この欠点を克服するために、十九世紀初頭段階での古い型のブルドッグ（もっと足が長く、体型がそれほど極端でなく、したがって敏捷で、容貌もあそこまで魁偉（かいい）ではない）を当時の絵などを参考に復元することを考えた人たちがいた。そう、もともとブルベイティング（牛いじめ）と呼ばれる陰惨な遊びに使われていた、祖型的ブルドッグだ。とりくんだのはペンシルヴァニア州のデヴィッド・リーヴィットで、オハイオ州立大学で確立された牛の計画繁殖モデルにしたがって、一九七一年からこの品種改良をはじめた。「血」の内訳は、ブルドッグが二分の一、残りの二分の一をブルマスチフ、アメリカン・ピットブルテリア、アメリカン・ブルドッグが等分する。この割合の選択交配をつづけることによって、やがてよく整った形質の、健康で理想的な犬が得られるようになった。注目すべきなのは、こうした形質の作り替えがごく短い期間（たぶん十年ほど）でいちおうの結果にたどりつくことであり、おなじ素質のもののみを最低三世代にわたって維持したとき（つまり以上のような血統構成の個体どうしのみをかけあわせるということ）それはいちおう犬種として確立したと見なせるとするならば、少なく見積もっても四百犬種は超える世界の犬たちの多彩さにも納得がいく。こうして作出されたのがオールド・イングリッシュ・ブルドッグ（Olde English Bulldogge）だった。そして、さらにおもしろいことには、ジョージア州南部で過去二百年にわたってプランテーションの番犬として飼育されてきた超稀少犬種のアラパハ・ブルーブラッド・ブルドッグは、十八世紀の祖型的ブルドッグの風貌をよく留め、新たに誕生しなおしたこのオールド・イングリッシュに酷似している。このような犬種の多様化の背後にあるのは、それが「価値を付与しやすい」対象だということであり、そこではすでに一種の「フェティッシュ化」が起きていることも、否定しがたい。花であれ野菜や果実であれ、鳥や魚や犬であれ、人はこうしてそのものに「それ以上のもの」を見出し、それにしたがって物理的存在としてのかれらを実際に作り替えてきたのだ。なんという苛烈なバイオパワーの行使。

結局、問題は、われわれが犬に何を見ているのか、何を求めているのか、ということにつきるのかもしれない。サイボーグ・フェミニズムの思想家として知られるドナ・ハラウェイは、『種が出会う時』（*When Species Meet*, University of Minnesota Press, 2007）の冒頭で、こう述べている。「本書をみちびくのは二つの問いです。（1）私が私の犬にふれるとき、私はいったい誰に、何に、ふれているのか？ そして（2）「ともになること」は、どのようにして、ワールドリーになる（世界に通じる）ことの練習なのか？」つまり他者としての犬との関係を見定め、たとえば犬とともに生成してゆく自己を見つめることが、世界に通じることの具体的なレッスンになる、という意味だろう。もちろん、それは犬に限るわけではない。およそ「他者」であるどのような相手についても、相手との関係が「いかに生じるか」を見抜き、分析してゆけば、「私」の側がいかなる投資をもって相手に対し、何を期待してどんな態度をとっているのかも明らかになることだろう。われわれが知りうる世界はごくごく限定されているが、逆にいえば、そのような「他者」の現われに直面しないかぎり、われわれには「世界」という地平は浮上してこない。さらにいうなら、犬は犬としてわれわれにやってくるかぎり、その接近において人間に否応なく「世界」を教えているのだ。動物説教で、より多くの教えをうけとっているのは、見かけはどうあろうとも動物ではなく、われわれ人間の側なのだと思う。ヨーゼフ・ボイスの言葉が、いつまでも真実と響く所以だ。「動物たちは身を捧げた。まさにそのことによって人間は現在の人間になりえたのである」

家郷の病から病みあがるために。十八世紀。山国スイスの男たちは傭兵としてヨーロッパ各地を転戦していた。ところがこの戦士たち、かなりの者が心に不調をきたす。ひどく憂鬱になる。医師たちはその原因を、山が見えないフランスやフランドルの平原風景に帰した。山が見えないせいで不安になり、精神の均衡を崩すのだ。こうして名付けられたのが「土地の病い」とも「故郷の病い」とも訳せるマル・デュ・ペイで、それが逆行的にギリシャ語化されたのが「ノスタルジア」だ。

それなら抑鬱（よくうつ）状態におちいった無骨なスイス人たちを山国の風景に戻せば、ただちに潑溂（はつらつ）とした心を取り戻すはずだろうが、それはわからない。しかしスイス傭兵にかぎらず、ふるさとを遠く離れ、知らない気候と言葉の中で暮らした人は、歴史上つねにいただろう。かれらが抱く郷愁は、少しは想像がつく。慣れ親しんだ土地や人々から少しでも身を引き離し、それゆえの郷愁を覚えたことのある「われわれ」なら。われわれもまた、なんらかの程度において、見えない「山」を求めてきた。

もちろん問題なのは山をはじめとする風土風景だけではなく、言語だったり食物だったり祭りだったり、それらを混然と支える情緒だったりする。「山」という結晶化の手がかりを仮に求めるのは不安な心の特性であり、郷愁は遠くにあることで強さを増し、同時にそこにない「山」の姿をたぶん現実以上に美しくし、輝かせる。

ある輪郭をもった集団として、そんな美しい「山」を共有するのが「移民」だ。すでに『サンバの国に演歌は流れる』（一九九五年）と『シネマ屋、ブラジルを行く』（一九九九年）でブラジル日系人の心的宇宙への接近を試みた細川周平が、ブラジル移民百周年にあたる今年（二〇〇八年）、彼の移民研究の集大成ともいうべき著作を完成させた。題して『遠きにありてつくるもの』（みすず書房）。「行動のすべてを離郷経験と結びつけがち」な「移民の心向き」をたずね、距離が純粋化する帰属意識を絵空事と笑うのではなく、それを「つくる」人々の身になって考えてみる。そのためにたとえば戦前の日系ブラジルの代表的民謡詩人だったという堀田野情の四行詩「日本」を、著者は冒頭に引く。

「イロハのイの字も　知らないお前　それでもおまえは　日本人？／桜も知らない日本も知らぬ　それでもあなたは　日本人？／ブラジル生まれで　何も知らぬ　それでも君は日本人？／日本人です　日本のことを　聞けば高鳴る　この血潮！」移民とは、「外」に出ることによっていっそう「内」の人間であることを自覚する者だ。子供たちが日本人ではなくなってゆくのではないかという一世の不安を代弁しつつ、「血統」への無根拠な信頼を鼓舞するこの詩に呼応する作は、コロニア（日系社会）の文芸にあふれている。

著者はそんな移民文学、独特なコロニア語を成立させたかれらの言語状況、盆踊りる。

や創作浪曲といった芸能を素材に、日系の「情の世界」にそっと歩み入る。「情は直線を嫌う。折れたり曲がったりする。ふるさとはすがっても遠ざかり、無視しても呼びかけてくる」。呼びかけられると、人々は翻弄される。愚かだと笑うのは簡単。けれども細川は、「理」により他人の経験を裁断する態度とは一線を画し、そんな「未練」に即して、国を出ても言語を出ず、気質も変えない人々の運命を、たどろうとする。

数年を費やしたブラジルでの調査が、博捜(はくそう)をきわめた。相手どる資料体は厖大だったろうが、そこから本質を抽出するのはセンスの問題だろう。著者の思考と文体の凝縮力、運動感は、すでに達人の域に達している。一九八一年、当時二十五歳だった細川の『音楽の記号論』と『ウォークマンの修辞学』は、一世代を震撼させた。つづく彼の紀行『トランス・イタリア・エクスプレス』の発熱感がなければ、ぼくの『コロンブスの犬』（一九八九年）もまったくちがった本になっていたはず。この年には細川自身『ノスタルジー大通り』によって、旅と郷愁をめぐる鋭利な試論を綴っていた。「だから旅とは一種、病みあがりの状態を持続することではないだろうか」とそこで細川は記している。病みあがりの「すっきりした感じ、軽くなった感じ、それはまさに病が可能にした潑溂さだ。いいかえると弱さを弱さとして受け入れたからこそもたらされた軽さなのだ」と。それに並行するかたちでいうなら、ノスタルジア、郷愁とは、たしかに寄る辺なき心の弱さだ。だがその弱さを弱さとして受け入れ、しかるべき表現を与えるとき、軽みと明るみが生まれ、つかのまの解放が果たされる。それを思うと、本書『遠きにありてつくるもの』が求めている読者は、他の誰でもなくまずブラジルの、ノスタルジアを強く生きてきた昨日のコロニアの人々なのかもしれない。かれらの郷愁を記したこの本によって、潑溂とした何かに転換されるときを、集合的な「郷愁」そのものが待っていたのかもしれない。

ある岬の記憶について。 ハワイ語ではただカ・ラエ、「岬」と呼ばれる場所。ハワイ島なら少しは知っているが、サウスポイントまでは行ったことがない。島のもっとも南の端、ハワイ諸島全体の南端にある。ということは、その先にあるのは、地球の他の何よりも広大な太平洋だけ。

訪れたことのないカ・ラエだが、考えたことは何度もあった。想像したことがあった。アオテアロア(ニュージーランド)北端のレインガ岬に立ったときには、マオリ人たちが「死者の旅立つ岬」と考えるそこからはるか北東を眺めやりながら、ハワイのカナカ・マオリ(先住ハワイ人)にとってはサウスポイントがそんな場所なのだろうかと思っていた。ついこのあいだのタヒチでは、博物館そばの海岸からモオレア島を見つめ、そのずっとむこうにあるハワイのことを考えた。はるかな昔、ポリネシアの島人たちがカヌーでタヒチから移住していったとき、ハワイで最初に上陸したのはこの南の岬だったと考えられている。移住者の到着の土地！　魂が去ってゆく場所！　そんな特別な地点を舞台に選んだよしもとばななの新作『サウスポイント』（中央公論新社、二〇〇八年）が、どんな主題を物語るのか、だからぼくにはそのタイトルを見たときすでに、ある予感があった。予感した、読んだ。打ちのめされた、震えた。こんなにさびしい話があるだろうか。そしてまた、こんなにすべてが赦された気持ちにさせられる小説があるだろうか。

物語の筋だてについては、何もいわずにおきたい。ぼくがそれを語ることなんて、そもそも誰も求めていないだろうし。だからまず、ごく曖昧に感想をいう。人が日常的に、同時にいくつもの心の層を生き、いくつかの人生の時を生きていること。ばななさんほどそのことを作品の中にくりかえし書きつけようとする作家はいない。悲しみとよろこびは、怯えと勇気は、平静と熱狂は、必ずいつも同時に存在する。空の一方が晴れわたり太陽がさんさんと輝き、他方では暗く低い雲が甘美な雨を降らし、そのすべてをつなぐようにダブル・レインボウがかかる、あの島の景色のように。雨が降り、風が吹き、花が香り、溶岩が噴出し、鳥たちが騒ぐ。牛がたたずむ。魚や海亀、いるかとくじらは沈黙を守っている。火山が紫色にたなびく雲の中に横たわっている。その「あたりまえな奇蹟」とでも呼ぶほかない風景をもつ島を、文字による画家のような彼女がページに再現しようとしている。その意志に、ぼくはまず感動した。「正しさ」「良さ」「美しさ」、そうしたものを文学作品が追求することは、いまではあまりない。どれか一つ、いや二つを追求することはあっても、三つをそろって追求することは、まずない。けれどもよしもとばななにとっては、正しくて良くて美しいもの、の圏域がはっきりと存在していて、物語の主人公はそれを見つめている。その圏域は時間を超越していて、ごく稀に、まったく思いがけない瞬間に、日常生活の小さな亀裂から噴出する。その圏域があることはもちろん、どんなどん底にいる人にも希望を与えるのだが、それはまた苦しみの種でもありうる。その圏域自体が、人にはしばしば恐ろしいもの、得体の知れないもの、どろどろしていやなもの、目をそむけて生きてゆけばそれでいいもののように見えるのだ。

　つまりは「崇高」（サブライム）と呼ばれてきた何か。受け取る側の尺度をはるかに超えた力がそこに働き、ただきれいだなあといってすませるわけにはゆかない、恐れと畏れを同時に引き起こさずにはいない、個々の人間の生活や運命や情動などまるで意に介さない何かが、まざまざと姿を現す場。そしてそんな何かは、人に自分が生まれるまえの永遠、自分が死んだあとの永遠、自分がいない場所の広大さ、自分を欠く権利が世界にもすべての他の人々にもあるのだということを思い知らせ、それだけで人を絶望させ、打ちのめす。

その絶望との和解を、生きるためには探らなくてはならない。不在は死に酷似しているし、われわれはしばしば両者をとりちがえる。とりちがえることは一種の生活の知恵というか、心の防衛反応のようなものかもしれない。この小説では、離れていた誰かが突然に、ひとりの死者を連れて帰ってくる。珠彦くんが、幸彦さんを連れてやってくる。だがそもそも幸彦の存在すら知らなかったテトラちゃんは珠彦のトリックにあっさりだまされ、そのだまされ方のひどさに読者は笑いながら、改めて子供時代と成人後の現在とを隔てる絶対的な壁の存在を思う。しかしこのコミカルな流れが担うものは大きい。少年であった珠彦は、たしかに現在のテトラにとって一種の死者だ。それどころか少女であった過去のテトラ自身が、現在の彼女にとっては死者なのだ。あるいは昔の二人から見るならば、いまの二人こそ幽霊。はかなく青ざめ、生気とよろこびの能力を欠いた、どうにも嘘っぽい幽霊。

とはいえ視点を移しつづけるならば、結局、すべての人が（自分も含めて）時空の圧倒的なひろがりのあちこちにばらまかれた幽霊たちなのだろう。「彼」にも「私」にも、いくつもの分岐点とそのつどのフェーズがあり、お互いがお互いにとっての幽霊を演じつづけてきた。「それはいったい、みんなだれなんだろう？　やはり幽霊みたいに、みんなここにいる本人からずれている人たちのように思える」(179ページ)。そんな幽霊ゲームの中で、中心的な幽霊となったのが死んでしまった幸彦で、彼は珠彦とテトラを再会させ、自分はイメージの宇宙へと去っていった。

そしてこのような不確かさ、あやふやさ、的はずれさの渦の中で、改めて人を物質世界のこの上ない寛容につなぎとめてくれるのが、あの特別な岬なのだった。「サウスポイントの崖の舳先みたいなところに立って、視界が全て海のところでまぶしさに目を細めて風に吹かれているみたいだった」(231ページ)。その場所に立った記憶があるかぎり、われわれは潮も空も忘れない。山も岩も花も鳥も、世界を構成するすべてを忘れない。人に生命と感情を貸し与えてくれたすべてを忘れずにすむ。

ぼくにとって、よしもとばななの作品は、たぶんふだんの自分が忘れたがっている感情のある層を露出させるものだ。それで、痛い。いくつもいっぺんに読みつづけることはできない。いまはこの本を閉じて、いましがた最後に降り注いだ満天の星の情景を反芻しながら、浅い眠りにつくことにしよう。

名と名の落差に立ち上がる「はじまり」。中村和恵さんから太平洋地域の人口について教わった。すぐれた詩人でポストコロニアル文学研究者の彼女は、数世代前から の北海道人、自分もまた植民地出身者だと考えている人だ。十八世紀以降、ヨーロッパ人たちがやってくるまでの太平洋地域の人口は少なかった。広大なポリネシア各地には合計でざっと五十五万人。ミクロネシアには八万人、メラネシアに三十万人。数万年前から人間が住んでいるオーストラリアは全土でわずか二十五万人、ところがね、ニューギニアには二百万人が住んでいたんだって。そう、ぜんぜん桁がちがうの。言葉ものすごい数があって、その系統とかぜんぜんわからないらしいよ、ぐちゃぐちゃで、隣村どうしでも通じなくて。

深く閃くものがあった。数字の推計については、もちろんいろいろな説があるだろう。しかし、太平洋の島世界の人口の少なさと文化・言語の均質性、島大陸オーストラリアの人口の少なさ、ニューギニア島の圧倒的な人口の多さと言語の多様性といった基本的なポイントは、変わらない。

その目をもって日本列島を眺めなおしたらどうだろう。西暦の紀元ごろ、世界人口は三億人程度だったという。そのころ日本列島は、もうどこに行っても人が住んでいた。ただし人口は、まだ多くない。四千年前の縄文のピークで二十六万人くらい、寒冷化した縄文晩期には八万人を切った。その後、人が増えはじめるのは弥生時代、稲作の国になってから。このころの言葉はどんなものだったのか。行政言語としての漢文による変形を受けるまえの、「やまとことば」ですらない原列島語（群）は。

ヤマト国家成立以前のそんな言葉を想像してみたいと思いつつ、どう考えればいいのがわからない。長いあいだぼくが不思議に思ってきたのは、われわれがかれらから受け継いできた、この日本語の音。それは中国語の数々の方言とも、朝鮮語とも、あまりに音がちがう。そしてあまりにもポリネシア語の響きに似ている。マオリ語を聞いても、ハワイ語を聞いても、母音が明るく音が単純でくりかえしの多い響きは、われわれの耳にしっくりなじむ。

和恵さんが見せてくれた言語地図には、「火」を意味する単語の分布が載っていた。ポリネシアの巨大な三角形を構成する地域では、マオリ語、ハワイ語、タヒチ語、ラパヌイ語のいずれでも「火」は ahi だ。この地域への移住の大きな流れをさかのぼればインドネシアからフィリピンにかけての多島域にゆきつき、そこには apo / apoy / api などが点在する。はるばるインド洋をわたってマダガスカルに至れば、そこでは afu。あるいは、はるかに北上して北海道を見るなら、アイヌ語が ape と呼ぶ。こうしたすべての「火」の広がりは、どうやら波打つひとつの連続体だ。

いうまでもなく、漢字の「火」はちがう。象形文字として見ると、それはよくできていると思う。文字発生時のその古代音も、現代中国語での音も知らないが、それはそれで完成された一文化圏の一語。問題は、その漢字が移植され、その移植が支配の構造に重なるとき生じるズレだ。もともとの列島語は、たぶん原ポリネシア語との関連を保ちつつ、熱く燃える炎を「ヒ」と呼んでいた。これもまったくのしろうと考えだが、「ヒ」の音が同時に氷をさすのも、触れたときその冷たさがまるで熱さのように感じられることと関係しているのでは。あるいは霊魂が「タマシヒ」と呼ばれてきたことは、それがある完全な命の球体（タマ）の中に燃えさかる炎だと感得されたためではないか。こうしたありえた連関のすべてが、漢字使用者となって以来のわれわれには、わからなくなっている。そしてヤマトを自明の統一体と考えるようになって以来、太平洋圏の島嶼文化との連続性はすっかり見失われた。

もともとの列島語（火はヒ）とアイヌ語（火はアペ）の関係についても、何もいえない。まったく別の文化グループだったのかもしれないし、重なりあう言語集団だったのかもしれない。漢字と法制をもった植民国家がやってくるまえの人々のことは、わからない。だがその「かれら」が「われわれ」の中に残存し、「かれら」の話し言葉をわれわれが継承していることは否定しがたいと思う。二千年前にせいぜい十万人だった、「かれら」という「われわれ」。そこから、すさまじい忘却と隠蔽を経て、いま一億三千万近い混成的な「われわれ」が列島に暮らしている。この居住の、はじまりはどうだったのか。どこがどんな土地の名で呼ばれたのか。

写真家・露口啓二の連作『地名』がもつ喚起力と凛とした美しさに、ぼくは感動した。それは意味を失った漢字名により浸食される以前の、北海道島各地のアイヌ語地名にむかって見る者を差し戻し、土地をよく知る人々が見抜いていたその地点の性格を、もう一度呼び戻そうとする試みだった。注目すべきなのは、それがアイヌ語地名の正統性をただ主張する（これはそれ自体正しい態度だが）というよりは、アイヌ語地名の音をぼんやり継承しつつ漢字の作用により別の意味をまとわざるをえない現行地名とのあいだの、意味があるのかないのかもわからない「落差」そのものを問題にしているという点だ。地名は人と土地との関係を表すが、関係も土地がもたらすものも時とともに推移する。地名が担う物語（言語表象）も土地を思い描くときの集団的なイメージ（心的表象）も変わるし、風景を描けば（絵画であれ技術画像であれ）そこに描かれたものはまた土地そのものの物質的存在からは根本的にズレた姿でしかない。

けれどもそのメカニズムに、露口さんは敏感だ。そもそも人にそれ以外の土地との関わり方があっただろうか。われわれはそのつど土地を全面的に体験しているにもかかわらず、部分的な表象によってしかその体験を把握できない。土地がもたらすすべての風や陽光や雨や匂いや花粉や実や肉を受け取っているにもかかわらず、それを地名という記号と個々のアイテムの名によるきわめて限定されたかたちでしか、記憶することも他人に語ることもできないのだ。その限界を見すえるとき、彼の試みは、単に「和人」が「アイヌ」の土地を思い出すという図式にとどまらず、「和名」と「アイヌ語名」の落差そのものが、それ以前にヒトがはじめてこの土地に住みはじめた原初の風景、土地とヒトとの関わりそのものを、「見せる」のではなく「さしめす」という構成にゆきつく。たとえば連作『ミズノチズ』（仮題）でも、彼は近代都市札幌の下になかば失われた水系をさししめすことによって、かつてここにあり、いまもある「何か」の気配を立ち上げ、写真を見る人々にそれを送り届けようとしていた。

古い名だって、それが唯一の名でも、最初の名でもなかったかもしれない。名はおそらくつねに、それよりひとつ古い名との落差をしめすものにすぎないのかもしれない。そんな限定を知る露口啓二の寡黙な写真を通過して、われわれの目が変わる、心が変わる。そして目と心の変化が、やがて風景を現実に作り変えてゆく力となるとき、写真はヒトの歴史的実践の、たしかな一形式となっている。

空の村について。 広大きわまりないニューメキシコ州北部に点在する、いくつかの先住民の村を訪れた。夏の終わりだった。すべてが美しかった。

なだらかな乾いた高原だ。州の最大都市アルバカーキのあたりで、標高は千六百メートル。そこから西に行っても、北に行っても、高度は増してゆく。空気が薄いというほどではない、でも光の明るさは強烈だ。そして激しい乾燥のせいで、海のように遠くまでくっきりと見わたすことができる。平原には涸れ川が線を刻み、その紋様にしたがって灌木のしげみが育つ。州を縦貫して流れるリオ・グランデ他のわずかな主要河川沿いには、川岸に落葉樹林ができる。あとは山にぶつからないかぎり、緑らしい緑はなく、あまり食べる草もなさそうな平原のところどころで牛や羊が飼われている。

岩山は多い。峻厳で、いろんな色をしている。空は青い。朝は雲ひとつない青空としてはじまり、地面が温まり上昇気流が生じる午後になると、雲のおとなしい群れが一面に浮かぶ。雲は輪郭がはっきりしていて、影が濃い。その影が遠い紫色の山腹を走ってゆく。すごい土地だ。陽光と水と土地と風の本質的な関係を、日々まのあたりに見せてくれる。

それはつまりは、人類一般にとっての「居住」という最大の冒険を、もういちど初めから考えさせてくれるということだ。アフリカで誕生し各地に拡散していったヒトにとって、この大陸はおそらく四万年ほど前から、そんな冒険の対象として現われた。この大陸のさまざまな自然条件に、どう住み込んでゆけばいいか。どんな住居を作り、何を狩猟採集し、何を栽培し、食べてゆこうか。土地ごとの工夫は大陸の多様性にそのまま対応し、場所の伝統となって受け継がれる。伝統が、生存を保証する。

ニューメキシコに住むそんな「土地の人々」はプエブロ（村）と呼ばれる集落を営んで、過去の数百年を生きてきた。アリゾナ州の岩だらけの荒野に住むホピを最西端として、ニューメキシコの州内ではもっとも南西にいるズニ、その東のアコマおよびラグーナが「砂漠のプエブロ」。ついでリオ・グランデ沿いの谷間や山麓にぽつんぽつんとあるのが「川のプエブロ」で、そのうちもっとも北にあるのがタオスだ。いずれも泥の立方体を組み合わせたように見える集合住宅を建て、小さな村を作り、外敵を警戒し、太陽を敬い、さまざまな自然力を精霊と呼び、それを踊りや人形で表現してきた。苛烈な土地の人々の、強烈な生き方だ。

ぼくにとっては、人生の最重要地点のひとつがアコマだった。二十年前、三十歳。何もかもゼロからやり直すつもりだったときに訪れて、この「空の村」に強い衝撃をうけた。乾いた平原に孤独にそびえる、高さ１００メートルほどの砂岩のメサ（テーブル状の岩山）上に作られた村。平らな石を積み、丸太の梁（はり）をわたし、仕上げに泥土を塗った家が、よく手入れされ長年にわたって維持され、乾燥と強風とときおりの激しい雷雨や雪嵐に耐えてきた。村の中央にはスペイン人修道士の指導のもと十七世紀に建てられた教会があり、教会の前にはしずかな墓地がある。疑いなく、世界でもっともロケーションに恵まれた墓地のひとつ。ここからはすべてが見わたせる。

九月一日、ほんとうにひさしぶりにこの空の村を訪れて、墓地のかたわらに立ったとき、時間がグニャリとゆがんで折りたたまれるような気がした。このメサ上の村は、九百年前にはすでに成立していた。墓地はおそらく教会よりも古い。そのころこの地点に毎日立ちつくしていた村人、十七世紀にここにやってきた最初のスペイン人、二十年前の自分、だれにとっても眼下のこの圧倒的な平原や太陽の光は何も変わらない。地質学的な時間は人間の尺度を寄せつけないが、特定の土地に住み込もうとした人々の努力は、何か永遠に似た感覚を、そこを訪れる者にもつかのま味わわせてくれる。

アコマはいつになく浮き立っていた。ふだん見かけるよりずっと多くの村人たちが忙しく立ち働いている。屋根を修繕したり、梁を塗り直したり。子供たちが子犬と遊んでいる。明日はこの村の最大の年間行事「聖エステバンの祭り」なのだ。ちょうどお正月を迎えるように、ふだん離れて暮らしている人たちも帰郷し、祭りの準備をしている。祭りではみんなが伝統的な衣裳を身につけ、ガラガラを鳴らし、足踏みして踊るだろう。教会ではミサがあげられ、広場には鹿や雉子やトウモロコシや瓜を飾った祭壇が設けられる。聖エステバンはもちろんキリスト教の聖人だが、祭りはそれよりもずっと古い何かにむけられた感謝と祈りを隠しもっている。人々は羊肉のシチューや揚げパン、タマル（トウモロコシ粉のちまき）といったごちそうをたっぷり用意して、訪れる者みんなに気前よくふるまってくれるだろう。

何という澄みきった土地。最初にここを訪れたときのその思いを、ぼくはまた新たにする。ここから次はズニの村にむかい、それから方向を転じてタオスを再訪するのだ。ニューメキシコのプエブロは、どこもそれぞれの、水のようにしっとりとした光にみたされている。

硬質なみずみずしさについて。ものしずかに、たたずむ人。どこまでも、歩く人。道端に腰を下ろし、いつまでもノートに文字を書きつけている。ひときわ背が高く、なのに威圧的なところがまるでない、樹木のような男。世界中の土着の人々の間を旅する、いつまでも若々しく風変わりな白人。すでにいくつもの文学賞に輝き、一九九四年には「リール」誌の読者投票で「フランス語で書く現在最大の作家」に選ばれたこともあるJ・M・G・ル・クレジオが、二〇〇八年、フランス語作家としてはクロード・シモン（一九八五年）以来のノーベル文学賞受賞者となった。

驚くにはあたらない。その作品宇宙の圧倒的なひろがりと、物質の根源にふれるような想像力の硬質なみずみずしさは、比類がない。言語と物質、自然と歴史、存在と空無といった対立項をつねに読者の意識に上らせながら、途方もなく長い距離を内包した冒険の物語を巧みにつむいでゆく。彼の作品は、誰のものにも似ていない。

「硬質なみずみずしさ」とは矛盾だと聞こえるかもしれないが、彼の文章ではたとえば石や岩といった無機物が限りなく生気をおび、その土地をみたす光がまるで水ではないかと思われるほどのやわらかさと新鮮な手触りを感じさせる。ヒトよりもずっと前から存在し、ヒトがいなくなっても何事もなかったかのように続いてゆくだろう自然物の世界に対する極度の鋭敏さは、彼の文学の大きな魅力だ。

そしてそれ以上にル・クレジオの文学に大きな価値を与えているのは、地球各地の土地の人々、先住民の生活と伝統に対して、彼が払ってきた本物の敬意と関心、そこから学んだ英知だ。若くしてパナマの密林に住む部族と生活をともにしたことが、自分の人生をすっかり変えた、と彼は書いていた。「世界および芸術についての考え方、他の人々との付き合い方、歩き方、食べ方、愛し方、眠り方、さらには夢にいたるまで」のすべてを変えたのだと（『歌の祭り』）。

都市のネットワークが地表を支配する現代文明、あらゆるものが商品となって流通し捨てられる消費社会、はびこる物質主義、利己主義、その背後にある全体主義、破壊の欲望。拡大するヨーロッパが作り上げた過去五百年の世界（という統一体）を徹底的に相対化し、その陰で押し潰されてきた諸世界を想起することに、これほど自覚的な作家は珍しい。意識して外を求め、忘れられたもの、古い道、弱い人々のかたわらで、彼は書こうとする。

文学を国籍によって語るというばかげた悪習はもうやめにしたいが、そもそもル・クレジオを「フランスの作家」と呼ぶのは、半分しか正しくない。彼はその家系の歴史によってフランス／モーリシャスの二重国籍をもつ作家であり、執筆の言語として選んだフランス語に対しても、深い緊張感をもっている。根っからのアウトサイダーだ、たしかに。その文学は、現行の世界の縁にある。やがて新たな大洪水が人間世界を滅ぼそうとするとき、われわれに最後の希望を与えるのは彼の文学だと、ぼくは思う。

ファヴェーラの光について。この世界に夢の国はなく、どの土地も行ってみればあたりまえの現実があるだけだ。心の中でどんなに理想化されて考えられていても、現実はつねにそんな理想を裏切り、鈍くて重い羽音のような振動をもって人をその場につなぎとめる。

それでも「ブラジル」という名はぼくにとって、ある比類なき地帯をさししめし続けている。そこは楽しい、さびしい、危険だ、やさしい、騒がしい、しずかだ、汚れている、きれいだ、窒息しそうな熱にみたされ身動きがとれない、そしてどこまでも解放されている。どんな対立する形容詞のセットをもってきても、ブラジルにはすべてが見つかる。ブラジルには世界のすべてが流れこみ、混在する。混在するすべてがきわどく即興的に統一され、ビリビリと震える波動となって、その場にいるすべての者をひとつの電撃的な網で捕らえてしまう。その波動に強いて名をつけるなら、ベレーザ・トロピカル（熱帯の美しさ）。おやおや、またありきたりなステレオタイプに戻りついた。だが、たしかにブラジルにありブラジルにしかないこの空気を、他に何と呼べばいいだろう？

かつてトロピカリアの時代があった。軍事政権の強い抑圧と暴力のもと、一九六〇年代のブラジル文化は沸騰していた。音楽ではカエターノ・ヴェローゾやジルベルト・ジルがメッセージ性の強い歌を発表し、シネマ・ノーヴォの映画監督たちが世界的注目を集めた。表現ジャンルを超えて、かれらの創造を支えていたのは、モデルニズモ芸術運動の記憶だった。その中心的な概念はアントロポファジア（人食い）。地球のすべての社会の富を貪欲に集め、あらゆる要素を混淆させ同化し、独自の表現を作り上げること。一九二八年の「人食い宣言」に由来するこの混淆の美学が、六〇年代トロピカリアにおいて甦った。

思えばモデルニズモからトロピカリアまでがざっと四十年。そこからさらに四十年を経た二〇〇八年、ネオトロピカリアを標榜する美術展（「ネオ・トロピカリア——ブラジルの想像力」展、東京都現代美術館）が組織されるのは、歴史的必然なのかもしれない。今回の出品作品を、ぼくはまだ何も見ていない。だが、そこにファヴェーラに創作の刺激を得たアーティストがかなりの割合で加わっていると聞いて、強い興味を覚えた。現代世界における表現を考えるとき、すべての大都会に必ずつきまとうスラムの問題を、無視することはできないからだ。

国内移住者によって都市が急激に膨張するとき、周辺部には必ずかれらがひしめきあって暮らす地区が生まれる。多くは、山の斜面を這い上がるようにして、不法占拠をくりかえし、拡大する。インフラは整備されず、貧困が支配する。そんな場所で手っ取り早くお金を手に入れるにはどうすればいい？　盗むか、麻薬取引か。想像を絶する犯罪地帯、悪魔の領土のように見なされる場所が、こうして成立する。メディア報道や映像作品が描くファヴェーラは、たしかに現実のごく一面を強調した、歪んだイメージにすぎない。それでもたとえば映画『シティ・オヴ・ゴッド』（二〇〇二年）が描き出す凄絶な、神話じみた暴力の炸裂を見ると、そんなマランドロ（ギャング）たちの抗争の実在性は疑えなくなる。もっとも冷酷なガキ、笑いながら他人を射殺できる者が勝利を収め、その王位もつかのま、やがては同類の別の子供たちによって殺されてゆくという展開は、暴力の基本的図式にあまりに忠実であり、非情だ。

ファヴェーラのイメージとブラジル音楽の良さを最初に世界に教えたのは、有名な

『黒いオルフェ』（一九五九年）だったが、その足跡をたどり直したドキュメンタリー『「黒いオルフェ」を探して』（二〇〇五年）を見ると、過去半世紀ほどのあいだのファヴェーラの激変ぶりがわかる。かつての貧しくても陽気でつつましい楽しさにみちた町が、ブラジルの奇跡の経済成長を経た七〇年代、人口を激増させ、ドラッグ、銃、殺人を日常茶飯事とするようになったのだ。ファヴェーラ出身のスター歌手であるセウ・ジョルジの歌声が重い。「ファヴェーラ、それは社会問題なんだ」と。『シティ・オヴ・ゴッド』で心ならずもマランドロ世界に身を投じる好漢マネ・ガリーニャを好演した彼にとって、それは自分の人生の問題そのものでもあっただろう。

だったら、希望はどこにある？　ファヴェーラでそんな絶望の日常に暮らす若者たちをパーカッション主体のバンド「アフロ・レゲエ」に組織するラッパーのアンデルソン・サーを追った、もうひとつのドキュメンタリーの佳作が『ファヴェーラの丘』（二〇〇五年）だ。『シティ・オヴ・ゴッド』でも見え隠れしていたように、九〇年代を通じて麻薬取引やギャングの抗争を陰で操り、武器を横流しし、一般住民の虐殺に手を染めてきたのは軍警察そのものなのだという、戦慄すべき事実が見えてくる。そんな状況下で、みずからも弟を殺されたアンデルソンが、ファヴェーラの少年少女を集め、生活にドラッグ経済とギャング活動以外の選択肢をしめす。同一化できる文化として、音楽と踊りを用意するのだ。そこに湧き起こる、よろこびの激しさ。新しい共同体の、強い絆の感覚。

混血の国という公式イデオロギーのもと、ブラジルは歴然と肌の色による階層を守ってきた。貧富の差はすさまじい。都市住民の三分の一が、貧困層としてファヴェーラに暮らし、かれらの肌の色は黒い。とはいえファヴェーラの人々の大部分は、ただつつましい幸福を願い日々をきちんと生きようとする、ごくまともな住民たちだ。光はここでも強烈で、美しく、笑顔はやさしい魅力にあふれ、美しく、足さばきと身のこなしは軽やかで、美しい。その場の本物の危険にまったく関わりのない外部の人間が、ファヴェーラを「美しい」と感じること自体、まったく無責任でいい気な態度ではあるだろう。だが、それでもやはり思えてならない。そこには世界の他のどんな場所にも劣らず、生活の美しさがある。その根源的な美と力を母胎として生まれてくる作品群に注目しよう。それは希望を、そのもっとも裸のかたちで、見せてくれるものにちがいない。

重力がほどかれるとき。小説よりもむしろ、文学にとっては周辺的なジャンルの文章に関心をもってきた。日記、書簡、自伝、回想、紀行、雑感、スケッチ、そういったもの。純然たるフィクションに、あまり興味をひかれなかった。特にSFやミステリーやファンタジーに対する感受性は、限りなくゼロに近い。それよりはどんなにありふれた話だろうと、「誰か」がたしかに生きた「事実」のほうが、ずっとおもしろかった。

それでここでは、旅をめぐってつむがれる文章について、ひとこと、ふたこと。

どんな文章にも必ず表れる／表れずにはいない「作りごと」と「事実性」の配分について は、鈴木一誌（ひとし）がこんなふうに記していて、なるほどと思った。鈴木はレヴィ＝ストロースの著作を読んで、その文章が「ドキュメンタリーだと言える」と考える。まず映画を例にとるなら、ドキュメンタリーとは「地球上のあらゆる生きものが甘受せざるをえない重力を写すもの」であり、「多種多様なテーマがえらばれているにせよ、それとは別に、重力とともに生きるほかない存在として生きるものを描きだす、これがドキュメンタリーを定義する最低限の基準」だと彼はいう（「重力の行方」渡辺・木村編『レヴィ＝ストロース「神話論理」の森へ』みすず書房、二〇〇六年）。

この重力という考え方は、よくわかる。ところがフィクションは、これを無視して進む。「物語は、重力を無化する権限をもっている」からだ。さらに映像でなく文章で綴るフィクションとノンフィクションの境界については、こう述べられる。

フィクショナルな世界では、ときとして重力は作者の意のままに操られる。さらにフィクションのなかでも、エンターテインメントにおいて重力ははるかに自在であるのに比して、純文学では、身体や物体の重さが比較的尊重されていると感じる。

結局ぼくは、石が軽々しく飛行したり、打球があっさりと場外ホームランになったり、誰もがイカルスのごとく太陽にむかって飛べたりはしない世界に、すなわち地上に重力によって繋留されたこの世界の日々の見え方に、より大きく惹かれるところがあるのだろう。その背後には、ともかくも「現実」として共通の合意が広くなりたっているこのありきたりな実在の世界を（ありきたりではあってもひとりの人間にとっては果てしなく広大で謎だらけのこの世界を）昨日よりは今日、今日よりは明日、少しでもよりよく知りたい、という気持ちがある。

「人間であるとは、知るということだ」（ミルトン・スタインバーグ）。少なくとも自分がそのときそこにいない、時空の中の「遠く」のことを知りたがり、思いをめぐらすのは、言語をもつようになったヒトの特性だろうし、ぼくにとってもそれは大きな関心であり、文章や映像といった多様な刻み（不在物の刻印）に少しでも注意を払うという動機づけの、背後をなすものでもあった。

冒頭であげたいくつかの記述ジャンルは、もちろん相互に重なりあう。たとえば日記には、それ以外のすべてのジャンルが含まれうる。あるいは紀行にも、それ以外のすべてが含まれうる。日記や紀行が形式として便利なのは、眼と心に映り移りゆくすべてを、どんな長さでどんな風に書いても、その最終的な枠組がまったくゆるがないことだ。

日記では、時間軸上に展開するすべてを、「日付」が正当化する。紀行では、空間的に展開するすべてを、個々の「土地の名」とそのときそこにいたという事実が正当化する。物語としての一貫性や建築は必要ない。日記においては、過去すなわち回想内容の時間はどんなに混乱をきわめてもかまわないが、記述の現在時だけは、リニアな日々の順番を少なくとも建前上守らなくてはならない。紀行の場合も、回想内容における空間的布陣はどんなに現実の距離を裏切って奔放にばらまかれてもかまわないが、記述はその時々の場所への繋留と「私」の行程から、勝手気ままに自由になるわけにはいかない。

つまり日記においては日付が、紀行文においては土地の名が、重力の署名のようなものとして作用している。そしてこのおなじ重力は、それぞれの内容の全体をも、ひたひたと浸している。フィクションであろうとなかろうと、人間の文章はリアリズムの言語（指示する実在物があるのだと少なくともいちおうは信じようという取り決めに基づく言語）以外の表現材料をもたず、したがって（苛酷なことだが）他人の経験がフィクションなのか事実なのかの区別は、結局はつかない。作り事と事実性のあいだの水面のような分割は、多くの場合、書き手の自己申告にしたがうしかない。そんな自己申告的作品提示をうけて、読者であるわれわれはある旅がかつてほんとうにありそこで語られた出来事はたしかにあったのだと信じつつ、紀行を読む。読んで得られるのが、たとえ土地に関する曖昧な伝聞の知識と、書き手の「私」として名指される不確実な幽霊の印象にすぎなくても。

つまらないことだろうか、無為な読書に終わるだろうか。だがそんな危うい、いわば事実性の「甘やかし（インダルジェンス）」とでもいったものをもって書かれる紀行のいくつかは、他のジャンルでは得難い輝きとリズムにより、読者の心に軽快な高揚感と未来への希望を与えてくれることがある。たとえば。

Lでその名がはじまる著者たちの作品を、著者の年齢順に四つあげてみよう。ミシェル・レリスの『幻のアフリカ』（原著一九三四年）は、紀行をそっくりとりこんだ日記という形式の、ある極限的なかたちをしめしている。フランス民族学の「創設の旅」といってもいいダカール＝ジブチ・アフリカ横断調査団に参加した若きシュルレアリスト詩人のこの長大な日記は、日々外界からなだれこむあらゆる混乱した要素をなまなましく並列しながら、やがては「私」をめぐる分析と総合、告白と隠蔽の劇のような様相を呈する。「エスノ゠エゴ゠グラフィー」と呼ぶにふさわしい、偉大な実験の書だ。

クロード・レヴィ゠ストロースの『悲しき熱帯』（原著一九五五年）は、驚異的な短期間（六か月?）で書き上げられたという。これもまた能うかぎり混成的な作品で、混乱をきわめた時空の配置の中に点景のような回想、民族学的知見、書きかけの小説、戯曲の構想などが投げこまれ、それがオムレツのように加熱した卵によって強引にまとめられているという印象をうける。文学作品としては、けっしてそれほど長くもないのだが、そのベクトルの多様さのせいで、また内包する土地相互の距離のせいで、比類なく広大な巻だと見える。

ジル・ラプージュ『赤道地帯』（原著一九七九年）は特異な思想家・作家によるブラジル再訪記。この「再訪」の部分にその情感の多くを負うが、同時に新鮮な発見と省察にみち、独自のリズムをもって、読む者の夢想をかきたてる。そこに自分も行きたい、という（たぶんはじめから読者の中に眠っている）模倣の欲望を呼び覚ますのが紀行の大きな機能のひとつだとして、これくらいその役目を果たす本はそうはないだろう。はらりと開いたページを拾い読みするだけで、ブラジルの光が目の前にひろがる気になる。

J・M・G・ル・クレジオ『歌の祭り』（原著一九九七年）はアメリカスの先住民世

界を主題とするエッセー集で、その紀行的な部分はページ数としては多くない。そこではル・クレジオの人生を根本的に変えたというパナマのインディオの小グループとの出会いの情景を核として、作家の激烈な反西欧主義がむきだしになる。たとえ世界に滅亡をもたらす大洪水がやがて確実にこようとも、そのときまでは洪水に抗して歌い、踊り、書こうという呼びかけには、われわれもまた耳をかたむけないわけにはゆかない。それは読めば森閑とした気持ちになる文章、そして日ごろ忘れている世界の別のあり方の可能性に対して一歩を踏みだす勇気を新たにしてくれる文章だ。

こうした広義の紀行作品が読者にもたらす解放感の本質はなんだろう。

それぞれの著者は重力につなぎとめられたまま、この地表を旅し、さまざまな事象を感知し、事件に遭遇した。どこの土地にいっても重力は変わらず、たとえいささかの作りごとが入ってもそれは重力を裏切るほどのものではありえない。つまり、この実在する現実の、誤差の範囲内のこと。それなのに紀行文が記す現実が人に解放として作用するのは、第一に時空の中でのかれらの位置とわれわれ読者の位置の水平的な距離によるものであり、距離が生む効果のせいで増幅された「彼方」の土地が、いかにも魅力的に見えるからだろう。そして第二に、その魅力の本質とは、じつはかれらが「そこで、そのとき」感じた違和感や驚きのパターンが、人の空間把握のうちにある種のリズムを――あくまでも重力に従属したリズムを――刻むからであり、個々の文体の主要な役目は、そんなリズムの伝達にある。

このリズムが、たとえ肉体を飛ばすことはできなくても、意識が重力に抗してわずかに別の空間にまぎれこむことを許してくれるのだ。リズムとは重力からの解放のために、ヒトの身体が発明したものだと思える。旅の途上の個々の地点で、人は跳躍を試みる。地理の中に散在する、重力からの離脱の試みが、読み手には地図上で点滅するリズムだと見えてくる。

そして『悲しき熱帯』の主要な舞台となったブラジルは、リズムの大地でもあった。もうひとりの偉大な社会科学者のヴィジョンを見ておこう。フランスにおけるブラジル研究の父ともいえる存在、ロジェ・バスティードだ。

レヴィ゠ストロースより十歳年長だったバスティードは、一九三八年、新設されたばかりのサンパウロ大学に社会学講座の教授として招かれ、そのまま一九五七年までブラジルに滞在する。ピエール・ヴェルジェ（写真家・民族学者）やジゼール・コッサール（外交官の妻でトランス状態の経験を経てアフリカ系混淆宗教カンドンブレの司祭となった人）といったブラジルに住んだフランス人たちと親しくつきあい、アフリカ系宗教の研究に没頭する。興味の中心にあったのは北東部バイーアのカンドンブレで、彼自身、信者になっていた。後、フランスに帰国してからはパリ大学で民族学・宗教社会学を講じ、また精神分析と精神医学に強い関心をもった。晩年の仕事としてはフランスで暮らすアフリカ人やアンティーユ（カリブ海のフランス海外県）出身者の不適応を扱ったものがある。ブラジルの社会学者＝作家ジルベルト・フレイレの記念碑的大著『主人の屋敷と奴隷小屋』（原著一九三三年）の仏訳者であり、ブラジル詩についての本やアンドレ・ジッド論も書いていて、文人的な側面も色濃くあった。

ノルデスチ（ブラジル北東部）への紀行『神秘的ノルデスチのモノクロ・イメージ集』（ポルトガル語原著一九四五年）で、バスティードは美術史家エリー・フォールによる芸術の三分類を引用していた。まず、黒人芸術では、リズムが宇宙のそれにしたがう。ヨーロッパ芸術では、秩序宇宙（コスモス）の抒情的表現が理性による説明に置き換えられる。そして形而上学的・象徴的なアジア芸術は、純粋な抒情と科学のあいだに位置する。ここからバスティードは、ギリシャとその伝統を継承しようとする西欧がリズムを廃し、静謐な完全性を志向したと考え、これに対してアフリカ系文化ではリズムの根源的な重要性が守られたと考える。

思わず「ああ、そうだ」と思ったのは、次のような指摘だ。われわれは映画によって、人の動作の中のリズムを再発見した、とバスティードはいう。そして映像の中で、しばしば非常に美しいリズムの実現を見せてくれたのは、アメリカの「ガールズ」の踊りなのだ、と。敷衍（ふえん）して考えるなら、ここでバスティードが「アメリカの」と見なす踊りのリズムはアフロ＝クレオル連続体（つまりアメリカスにおけるアフリカ系文化の変容）の一部であり、チャールストンからビバップからサンバからフレーヴォからサルサからヒップホップにいたる二十世紀アメリカスのすべてのアフリカ系の踊りとその映像によって、他の世界のわれわれもリズムを再発見し、重力に抗する戦いに新たに挑むことになったわけだ。

いまはたとえばYouTubeでfrevoを検索すれば、このブラジル北東部ペルナンブコ州のテンポの速い、カポエラ（奴隷たちの武術に由来する舞踊）の動きを取り入れたともいわれるダンスの実演を、いくらでも見ることができる。「重力に抗する」ことの意味は、踊りのそんな動きが、曇りなく教えてくれる。そして言語の運動体としての文章の世界では、紀行というジャンルが、リズムによる重力からの（われわれの日常的情感の）解放を、体験させてくれる。あるときある地点で誰かが試みた跳躍の記憶と文字によるその定着が、その誰かとは時空を共有しないわれわれに届けられるとき、われわれもまた新たに跳躍を試みることになるのだ。

さびしい本だった。そこで著者が主張していることは、大体どれもそのとおりだと思う。現代社会における英語の地位・性格・役割に関する分析も、日本語の書字の特異性をめぐる指摘も、それを鍛えてきた日本近代文学の奇跡的達成も、日本語教育についての毅然とした提言も、それぞれの事象や主題に対する感じ方の緯度に差はあっても、大筋では同意できることばかりだ。

それが全体としてなぜかさびしく悲しく感じられたのは、ひとつにはまさに彼女がいくつかの真実をついているからで、その真実のあるものがぼくにとっては重く、暗く、冷たく、できれば目をそむけたまま一生やりすごしたいことだったから。それは認めたほうがいいだろう。

二〇〇八年が『三四郎』が発表されて百年目の年だということは、意識していなかった。ぼくにとっては二〇〇八年とはチェーザレ・パヴェーゼやウィリアム・サローヤンやリチャード・ライトやモーリス・メルロ＝ポンティの生誕百年の年だった。さして長くは生きなかったこれらの人々とはちがって、現実に一世紀を生きてしまったクロード・レヴィ＝ストロースは、秋が深まるころ無事にその満百歳の誕生日を迎えた。

年の名を、そのような文人たちの名の集合に置き換えて意識するということ自体、ぼく自身の偏頗(へんぱ)な文学趣味を物語るものでしかなく、それは現実にこの年に起きた種々のできごととはほとんど何の関係もない。だが、特にそう志したわけでもなくこうして語学屋業界の片隅にやっとニッチを見出してほそぼそと生計を立てている自分の人生の奇妙さだけは、狭い海峡の対岸の灯台の光にときおり暗く浮かび上がる姿のように、この一年にも思い知らされることがあった。灯台の光はくるくると回転しているのだが、それは自分という一点から見るなら規則的な点滅として捉えられる。そしてそれは一旦、規則性として意識されると、いずれは耐えがたいものになる。光にせきたてられるのは苦しいことだ。ぼくは五十歳になった。果たせなかったことの重みを足首に巻きつけてでもいるかのように、線路沿いの道を毎日とぼとぼと歩いていた。

『三四郎』は、もうずいぶん長いあいだ、手にとったことすらない。十代のころ、確実に二回、たぶん三回は通読している。文庫本はいまも持っている。それは自分が読んだ一冊ではないので、いつか読み直すつもりで過去のある時点に新しく買ったものにちがいなかった。水村美苗(みなえ)の『日本語が亡びるとき』(筑摩書房、二〇〇八年)を読みはじめて、初めはただ、これからどう展開してゆくのかな、という程度の曖昧な気持ちで読んでいたのが、つい引きこまれて身を入れて読む段階に移行したのは後半に入った第四章からで、第四、五、七の各章が本書の主張を担う部分だといってさしつかえないと思う。そこで自分ではできれば意識せずにすませたかった何かを体現する形象としての「広田先生」をつきつけられて、思い出させられて、ぼくはだんだん憂鬱になり、憂鬱が増すだけこの本を読むことには逆に身が入って、あとは一気に読んだ。

広田先生とは誰か、何か。いつも西洋語ばかり読んでいる高等学校の英語教師、「よくいえば、優れて〈叡智（えいち）を求める人〉」、「悪く言えば、雑学のかたまり」。それでいて「希有な〈世界性〉をもって、日本の現状を理解している人物」だと、水村さんは解説する。「大きな翻訳機関」としての大学の周辺にいて、十年一日のごとく高等学校生徒たちに英語を教え、あらゆるものを読み、多くの些事を知り、何も書かず、人に知られない。この人物像にぼくは別に感銘を受けたことはなく、『三四郎』が特に成長期の自分にとって意味深い作品だったわけでもないのだが、いま水村さんの指摘を受けてふと立ち止まり考えてみると、自分はいつのまにか、理由もなく、この広田先生のような生き方を理想のように思いなし、その生き方を数十倍に希釈したような生活を現実に送ることになっていたのかもしれない。なぜか、こうなってしまった。熱烈にそんな生き方を求めたつもりはない、だが自分なりの選択をそのつど積み重ねて半世紀の標識に達するまでに、どういうわけか外面的にはできそこないの広田先生みたいな人間になってしまった、というわけ。いよいよ暗澹（あんたん）たる気持ちになるが、ここにはやはり何か、われわれの世代がまだまだ囚われていた歴史的・社会的・文学的文脈と知のモードをめぐる構造的な問題があったにちがいない。「偉大なる暗闇」にみずからを喩（たと）えるのはおそれ多いが、たとえば自分の顔と太陽をむすぶ細い細い光の柱を一羽のカラスが通過したならそのときどれほど極微のものであろうともカラスの動く影が自分の眼球の表面を横切ってゆく、その程度の卑小なる暗闇としては、「世界」という文とイメージの錯綜した途方もない規模の集合体に、ぼくも日々むきあっているのだった。

『日本語が亡びるとき』の中で、文句なく感動した部分が、ぼくには二カ所ある。

第一に、著者が紹介する福沢諭吉のエピソード。すさまじい苦労を重ねて身に付けたオランダ語を実地に試すため、諭吉はあるとき奥平（おくだいら）藩の江戸屋敷から横浜まで歩いてゆく。外国人に話しかけてみよう、ただそれだけのために。着いて、話しかけてみた。すると言葉はまったく通じず、彼は大変な衝撃を受け、すごすごと江戸に戻る。そのときの歩きっぷりがすごい。「前の晩の十二時から行て其晩の十二時に帰たから、丁度一昼夜歩いて居た訳けだ」。この歩行とその往復の諭吉の心を想像すると、こちらも異様な衝撃を受け、激しい胸騒ぎを覚える。

第二に、教育をめぐる著者の提言からの、以下の熱のこもった二行。

> 教育とは家庭環境が与えないものを与えることである。
> 教育とは、さらには、市場が与えないものを与えることである。

この二行に、「日本の国語教育はまずは日本近代文学を読み継がせるのに主眼を置くべきである」という著者の本書における中心的な主張が続き、もちろんそれにも反対する理由はない。ぼくもそれがいちばんいいと思う。ちょっと古い文章を読まなければ、言葉の歴史性が考えに入ってこないからだ。

なぜ文学を読ませるのか。われわれの心は、否応なく文によって作られている。文により幾重にも折り返され複雑化した心の体制を、さらに文によって鍛えないかぎり、茫然とするほど複雑化し距離感が混乱した世界を――われわれが日常的に生きているこの世界を――少しでも遠く広く深く想像することはできない。口承伝達は応対できる地理的範囲が狭く、また系譜や事件や神話や噂を伝えることはできても、歴史をその複雑な事実性において同時に多数の視点から語ることはできない。自分の肉体とその位置（地理的な、歴史的な、社会的な、文化的な）に囚われたまま生きるしかないひとりひとりの人間が、その限定を多方向にむかって超越してゆく唯一の道は、文を摂取し、摂取しつづけ、さらにはそれを反芻し、肉体化してゆくことだ。文によって想像力を拡大してゆくことだ。そして文にはそれ自体、反省的な判断を下す性質とさらにその先をめざして進む性質がそなわっているので、一旦、読みはじめたら、読むこと自体がさらに遠いところ深いところ広いところへと人を連れてゆくことにもなる。それはそうならざるをえないと思う（唯一の危険は固着・フェティッシュ化・聖典化で、たとえば唯一の本をくりかえしくりかえし読むという姿勢は、読書自体の自然成長性を断ち切る退行的選択でしかない。その退行には、文の追求とは無関係の、別の位相にある心理的な動機が働いている)。

文を読むことで心を方向づけ集合的な自己解放をおこなってきた、少なくとも試みてきたのが人間の社会だと思うと、子供たちに文を読ませることの必要をきちんと主張するのは、人文学に携わる者の仕事の、避けてはならない一部なのだろう。ここでは、文がどの言語によって書かれた文であるかは問わない。文の追求は、結局は一国語の境界内に留まるものではない。そのことは見かけ上、一国語の資料体と見えるもの（たとえば「日本近代文学」）の場合であっても、その一群の文章がどれほどの葛藤と混成と攪拌と接続によって編み上げられているかを仔細に検討しはじめるなら、ただちに明らかになることだろう。現在の日本語教育（と空想実用主義的英語教育）に欠けているのは、文の追求を姿勢としてしめすことであり、この欠落を補うにはどんな観念的な主張よりもまず分厚い文選を（せめて600ページくらいある、近代日本語の百年が見通せるような文選を）すべての小中学校生徒に無償で与えるべきだろう。ただしその編集には文部科学省に関与してほしくない。

文の必要については以上として、英語についてひとこと。水村さんの主張を、ぼくはよく理解していないかもしれないので、単なる一般的感想として述べておく。

思うのだが、英語がどれほど支配を確立したように見えても、英語が支配しているのは所詮それが支配できる範囲と層のことでしかないだろう。第一、通用範囲を拡大し世界に対する実効支配を確立したと見える英語とは、英語と呼ばれる言語の幅広いスペクトラムの中のごく狭い一部分の帯域のものでしかない。英語による口承空間も、文の空間も、その外において、はるかに広大にひろがっている。そもそも英語が支配すると見える「世界」とは何か。金銭・物資・情報の流通系だといえばいいのかもしれないが、世界はそれに還元されるものではない。英語にはけっして見えない聞こえない範囲のほうが、つねに比較を絶して広大だ。インターネットによる情報網が地球をおおいつくそうと、文書と画像のディジタル・アーカイヴが惑星を何度も飲みこむほどの気が遠くなるような質・量へと発展をとげようと、英語とも、インターネットとも、ディジタル・アーカイヴとも、まったく無縁なまま誕生し死んでゆく人々の数は、今後増大してゆくばかりだろう。「世界の表舞台」にはけっして登場しない、圧倒的大多数の人々。そして何より、そもそもの英語圏の覇権が無限定の未来にわたってつづくとは、ぼくにはとても思えない。だが、こうして英語圏の覇権が崩れたときでさえ、逆説的にも火急の重要性をおびて浮上するのは、こうした人々のあいだから現われた力なき主体が、不自由を忍んで使う英語だろう。

二〇五〇年ごろの状況をちょっと想像するだけでも、ヒトの人口問題と食料問題、資源配分と大規模環境破壊の問題は、血が凍るようなレベルに達することはまちがいない。どんな風に事態が推移してゆくにせよ、地球に住むヒト全体というレベルでの行動の調整と議論のための言語として、現実的に今後当分のあいだ英語が唯一の選択肢であるだろうということまでは、否定できない気がする。むしろ積極的に、それを使えばいい。大概のものには逆転的使用の可能性があるものだ。二十世紀を通じて「支配の言語」としての地位を築いてきたその陰で、英語はまた「対話と抗争のための言語」としてみずからをヒトに捧げてもくれた。避けがたく全地球的な問いにぶつかるたび、いますでにそうなっているように、さまざまな発話主体による英語が飛び交うことになるだろう。そしてそのとき、単なる利益交渉を超えた地平を開くには、そこで語られる英語が文の深みと想像力の広さに裏打ちされていなくてはならない。わかりきったことだけを反復していれば生存を確保できるような贅沢な段階は、人類にとって、もう過ぎた。結局は個別なナショナルな言語が、あるいはその群れの中からひとり別の舞台に上がった英語が、言語として問題になるのではなく、個人がつむぎ他の個人たちとのあいだに共有の場を開いてゆく「文」という水準が、人々の意志決定と行動にどれだけ介入できるかが問われるのではないだろうか。

日本語は亡びるときが来たなら亡びてもいい、けれどもそれよりもヒトの滅びのほうが、ずっと近くにあるだろう。そしてヒトの滅びに先行して、文の滅びが待っている。心がどのような言語で語られるどのような文によって育てられるかは個々の人の自伝に属することだが、その心の自伝は別にいずれかの国語、いずれかの文学に忠誠を誓う必要はまったくない。文字という徴が描き出す文という紋様の非人間的な自由さは、そんな境界をまったく意に介さず、誰にとっても接近可能なものとして、そこに与えられている。

翻訳＝世界＝文学。この三つの言葉のあいだの関係をめぐって、お話ししてみようと思います。まず三つの言葉が作る三つの命題を、次のようにまとめておきましょう。ごく単純なものばかりです。

1　翻訳は世界を作る。
2　世界は文学として経験される。
3　文学は翻訳を要請する。

すぐにわかるとおり、これらの三つの命題はウロボロスのように輪をなし、循環している。これからの話はその循環の中を、ただし整然と進行するのではなくあちこちさまよいながら、問題圏の輪郭を描き出すというかたちで展開してゆくことになりそうです。この主題を出発点として語ることのできる物語のヴァリエーションはいくらでもあるにちがいありませんが、きょうは三つの項目をサブタイトルとして並べてみました。「ヘレン・ケラー」「バベル」「パンの名前」という三つです。話がうまくつながるかどうかわかりませんが、ともかくはじめましょう。

翻訳は世界を作る、といいました。「世界」とわれわれが呼ぶ、言語とイメージが渾然一体となったものは、翻訳という作業によって作られる。しかし、それでは、翻訳とはそもそもどういうことなのでしょうか。もっとも単純にいって、翻訳とはある記号体系と別の記号体系のあいだに対応関係をうちたてることです。そしてこの対応関係が、ひとつの自然言語と別の自然言語のあいだにうちたてられるときのことを、常識的な意味で、われわれは「翻訳」と呼んでいます。けれどもこうした事態に、われわれはいつどうやって入ってきたのでしょうか。ちょっと考えてみましょう。

子供がいかにして言語を身につけるかは、それ自体あまりにも大きな問題ですが、成長・発達のある段階で、あるとき突然に、ある音と物、音と行動、音と状況が対応することを悟ることがあるとは、いっていいでしょう。この対応関係のことをわれわれはヴォキャビュラリーと呼び、これは子供の発達のある時点から、急速に拡大してゆきます。すると、これもある段階でとしかいいようがないのですが、不思議なことが起きます。子供はすでに身につけた語彙、たとえば千語なら千語をもとにして、それ以上の世界のさまざまな事物に対する「説明」を求めはじめるのです。

はじめ、子供は「これ何？　これ何？」という質問をくりかえして、モノに対する名付けを求めていました。ついである段階に達すると、質問は「それ、どういうこと？」に変わります。つまり、ものごとや事態をすでに知っている（身につけている）言葉の体系と照らし合わせ、それによって了解しようとするようになるわけです。この瞬間を「母語の内部での翻訳、言語内翻訳がはじまるとき」と呼んでもいいでしょう。いったんこの段階に達すると、ヒトの経験の言語的描写は、どんどん複雑化していきます。ただし、それと同時にわれわれは、生きていることがもたらす直接的な経験からも、どんどん離れてゆくのかもしれません。ある経験を言語で描写すれば、それは記憶の定着には便利ですが、描写の影に多くが失われます。たとえば自分の感情生活にしても、成長とともに、人はあるもやもやした感情を言語によって自分自身にむかって描写し、理解し、納得し、毎日を乗り切ってゆくようになる。一言語内での翻訳やパラフレーズがそれぞれの人間の中に「固まった」部分を作り出せば、それがふつう「アイデンティティ」（自我同一性）という言葉で呼ばれるようにもなります。

ところで単語というのは仮死状態にあるもの、つまりさしあたって変化しないものです。「変化しない状態」を手に入れたときに語ははじめて語として成立し流通するのですから、これはいうまでもないことでしょう。ただし語と語との連結には無数の可能性があり、われわれがふつう「言語のゆたかさ」といった言い方で言い表そうとしているのは、この連結が増殖し、新鮮なむすびつきや並びを作り出し、それによってヒトと世界の関係を更新してくれる場合のことです。言語の生産性を保証してくれるのは、そんな組み合わせ術です。経験をなんとか言い表そうとして言葉を探り、探る過程で、はてしない言語内翻訳を重ねてゆく。これはたぶん誰もがやっていることです。そしてそんな言語的複雑化を極端に推し進めた場合のことをわれわれは「文学」と呼びます。しかも文学は、文学相互の干渉によりさらに強烈になったり、見たことのない縞模様を生み出したりもする。それはただ単純に生きることが求める言語的描写、誰もがやっている言語的描写を一歩踏み込んで進めることから生まれるものであり、別に特別なことではないにもかかわらず、いったん加速度がつくと暴走しはじめることもある。そのせいで文学は、いつでも、極端な、誰にも理解されないものになってゆく可能性を秘めているわけでしょう。

さて、ここまでですでに「翻訳」「世界」「文学」という三つの言葉を使ってしまいました。ウロボロスの一回目の円環を閉じてしまったことになりますが、これではあまりに先を急ぎすぎているかもしれません。少し速度を落として、別の物語をもちこみつつ、別の環の可能性を探ってみましょう。

たとえばヘレン・ケラーのことを考えてみます。二十世紀の世界でもっとも有名な神話的存在のひとりだったにちがいないヘレン・ケラーは、人間のコミュニケーションという現象に興味を抱く人なら誰もがいちどは気にしたことがある人物でしょう。簡単にふりかえっておきます。満二歳にもならないころ、彼女は熱病で視覚と聴覚を失いました。言葉をほんとうに覚えはじめる前の年齢ですが、「ウォー」という音が「水」を意味するといった程度のかすかな言語の芽生えは経験していたようです。けれどもそれも、病気のあとずっと忘れていた。そして母親や、黒人の料理人の娘で唯一の遊びともだちのマーサを相手にして、押したり引っ張ったりといった直接的な接触や身振りによる伝達ができる以外には、それ以上の抽象的な意志伝達力をもたないまま、ヘレンは成長します。この時期のヘレンの感情生活は想像するしかないものですが、マーサとともに鳥の卵を探しにゆくことや、犬が吠えたり猫がのどを鳴らしたりするのを手でふれて感じることが大好きだったといったエピソードには、そのようすを想像しただけで深く感動させられます。

娘のことを心配した両親は、ボルチモアの眼科医の紹介で、アレクサンダー・グレアム・ベルに相談をもちかけました。電話の発明者として名高いベルですが、彼自身にとって電話の発明はむしろ副次的なもので、最大の関心は聴覚障害のある人たちに対する支援だったということも覚えておいていい事実でしょう。彼自身のお母さんと奥さんが、いずれも聴覚障害者だったためです。そんなこともあってベルは聴覚障害児の教育に深い関心を抱いており、ベルがケラー夫妻をボストンの盲学校の校長に紹介し、この人を介して運命的に出会ったのが、あの「奇跡の人」サリバン先生でした。

興味深いのは、いうまでもなくサリバン先生の言語教育です。文字通り、何の方法論もないところから手探りではじめなくてはならなかったサリバン先生は、ヘレンに実際にモノに手をふれさせ、ついでその掌に文字を書いてゆくという方法をとった。この触覚的記憶は、最初、言葉ですらありません。それでもヘレンは指の感触を、それが何を意味するのかさえわからないまま、くりかえせるようになる。それだけでも驚くべき才能ですが、そうした動作の模倣は、それだけでは言語ではありません。そこに、あの有名な「ウォーター」のエピソードが起こったのです。

二十世紀の真に驚くべき書物の一冊である『わたしの生涯』では、それはこんなふうに語られていました。ある日、サリバン先生はヘレンに、mug（湯のみ）とwater（水）がちがうものであることを教えようとする。でもヘレンにはそれが理解できない。ついで二種類の別々の人形にふれさせながら、どちらもおなじdollという名で呼ばれることを理解させようとする。ヘレンはこれもわからず、かんしゃくを起こして人形を壊してしまいました。その後でサリバン先生は、ヘレンをなだめるつもりで彼女を庭に連れ出します。この一節を、自分自身も早稲田大学在学中に失明しながら、勉学をあきらめることなく後にエディンバラ大学を卒業した、岩橋武夫の訳（角川文庫）で引用します。

ところが先生が帽子を持って来てくださったので、私は暖かい日向に出かけるのだと知って、その考え（もしも言葉のない感覚を、考えと呼ぶことができるとすれば）に、私は喜んでおどり上がったのでした。

ふたりは井戸小屋をおおうているスイカズラの甘い香りにひかれて、庭の小径を下って行きました。だれかが水を汲みあげていましたので、先生は樋口の下へ私の手をおいて、冷たい水が私の片手の上を勢いよく流れている間に、別の手に初めはゆっくりと、次には迅速に「水（ウォーター）」という語をつづられました。私は身動きもせず立ったままで、全身の注意を先生の指の運動にそそいでいました。ところが突然私は、何かしら忘れていたものを思い出すような、あるいはよみがえってこようとする思想のおののきといった一種の神秘な自覚を感じました。この時初めて私は w-a-t-e-r（ウォーター）はいま自分の片手の上を流れているふしぎな冷たい物の名であることを知りました。この生きた一言が、私の魂をめざまし、それに光と希望と喜びとを与え、私の魂を解放することになったのです。

こうしてヘレンは「物にはみな名のあること」を知り、「一つ一つの名はそれぞれ新しい思想を生んでくれる」という境地に達します。それ自体まったく無音である、サリバン先生の指先が彼女の掌に残す運動の痕跡だけを頼りに、彼女にとっての世界の分節がはじまる。そしてこの、彼女自身には聴くことのできない音声言語を記述する指文字により、やがてドイツ語やフランス語はおろかギリシャ語もラテン語も学び、名門ラドクリフ女子大に入学し、ヘレンは同世代の誰にも負けない知識や思考力を身につけることになる。その文章の感覚のすばらしさは、『わたしの生涯』が証言しています。そして想像を絶する猛勉強が続いたこの間もずっと、サリバン先生は彼女のかたわらにいて、彼女が教室で耳にする言葉を次々に、ものすごい速度で指文字によって知らせてゆきました。

しかし誰にとってもそうであるように、いったん言語の基礎を学んでしまえば、あとは言語自身の運動力・増殖力のようなものによって、ヘレンの世界はどんどんひきずられるように拡大してゆきます。それは彼女自身が耐えている感覚の遮断、目が見えず耳が聞こえないことによっても、もはや限定されない。そして言語のこの解放力というか、「いま、ここ」を離れてどこか遠くへと連れ出してくれる力は、ヘレンにとってもわれわれの誰にとっても、おなじように作用しているといっていいでしょう。

ここで哲学者カール・ポッパーの有名な「世界1」「世界2」「世界3」という区分を借りてみます。ポッパーがいう世界1とは、ありのままの事物の世界、モノの世界のことです。ついで世界2とは、人が知覚を統合して作り上げる表象の世界。そして世界3とは、人の精神が共同で作り出す間主観的な世界をさし、言語も、あるいは科学も、思想も、そこに入ります。ヘレン・ケラーの場合、彼女の感覚が教えてくれる表象世界つまり世界2が、他の人々がそれぞれの感覚により獲得し多かれ少なかれ共有している世界2とは、ひどく異なっていたわけです。そのひどく異なった世界2を通過しながら、ヘレンは触覚に翻訳された言語だけを頼りに世界3の学習をはじめ、それを身につけ、大学の英文科を優等生として卒業し、社会運動家として活躍するまでになる。触覚に頼りつつ、直接の接触がないままに「世界」を理解ないしは了解する言語の特質を最大限に生かしたかたちで、彼女は彼女の世界を飛躍的に拡大しました。言語とイメージの構築物である「世界」に、映像的イメージを欠いたまま触覚だけを使い、触覚的に翻訳された言語に特化したかたちで果敢に挑んでいったヘレンの冒険を思うと、言語という現象にはどこか怪物じみた側面があると、われわれも改めて思わずにはいられません。

ところで翻訳の最大の問題は、言語そのものの性格に深く関わっています。われわれは誰も言語を自力で発明したわけではない。それは最初から公共化されている。われわれは公共物を借りて、自分なりに使う。ただしこの個人個人の使用法は驚くほどの「遊び」（というか自由なマージン）を許すので、おなじ言葉を使っていても受け取り方はつねにずれてゆきます。コミュニケーションはディスコミュニケーションとつねに表裏一体であり、つねに完全な伝達など、自然言語によるかぎり、誰にもはたせない。ここでおもしろいのは、コミュニケーションへの意志、ひいては翻訳への意志の先行性とでもいったものが、こうした事態を明るみに出すということです。コミュニケーションを意志するからこそ、人はディスコミュニケーションにぶつかり、いらだつことにもなる。翻訳への、つまりは理解への意志をもってはじめて、人は理解できる部分とできない部分の境界を目撃することになり、翻訳の挫折を味わうことにもなる。翻訳しようとする意志において、人は類似性と差異を同時に発見するのだといってもいいでしょう。このことをメキシコの詩人オクタビオ・パスは、こんなふうに語っていました。

翻訳はある言語と別の言語のあいだのさまざまな差異を克服するが、同時にそうした差異をいっそうよく暴き出すことにもなる。翻訳のおかげで、われわれは隣人たちが、われわれとおなじようには話しも考えもしないことを、意識するようになる。一方で、われわれにむかって提示される世界は、類似点を集めたものだ。だが他方で、それはどんどん積み重なるテクストの山、しかもそれぞれが先行するテクストから見て少しずつ異なったテクストの山なのだ。すなわち、翻訳の翻訳の翻訳。それぞれのテクストはたったひとつのものだが、同時に、それは他のテクストの翻訳でもある。どんなテクストも完全にオリジナルではありえない、なぜなら言語それ自体が、その本質そのものにおいて、すでに翻訳だからだ――最初は、非言語世界からの翻訳であることから。ついで、個々の記号や個々のフレーズが、すでに別の記号、別のフレーズの翻訳であることから。とはいえ、この論理の逆もまた完全に有効ではある。あらゆるテクストはオリジナルだといってもいい、なぜなら個々の翻訳は、それ自身のはっきりした特徴をもっているから。ある程度まで、個々の翻訳は創造なのであり、したがってひとつしかないテクストを作り上げている。

(Schulte and Biguenet eds., *Theories of Translation*, U of Chicago, 1992, p.154)

どんなテクストも翻訳でないものはない。同時に、たとえ翻訳であっても、あらゆるテクストはそれ自体の独創性をもっている。このパスの言い方は、言語があらかじめ共有されつつ、また同時に個人化されずにはいられないものだという背反した性格を逃れられないがゆえの矛盾を、よく意識させてくれます。言語そのものの本来の性格が、言語的構築物であるテクストにおいて、いっそう複雑化するのだといっていいでしょう。

ところで翻訳（この場合もっともあたりまえな自然言語どうしのあいだの翻訳）が大前提としていることは、言語の複数性でした。言語の複数性を語るとき、いつもひきあいに出されるのが、『旧約聖書』にあるバベルの神話です。しかしこれは大変に奇妙な神話です。ごく短いものですから、全文を検討してみることにしましょう。「創世記」第十一章がそれで、日本聖書協会の新共同訳によって引用します。

世界中は同じ言葉を使って、同じように話していた。東の方から移動してきた人々は、シンアルの地に平野を見つけ、そこに住み着いた。彼らは、「れんがを作り、それをよく焼こう」と話し合った。石の代わりにれんがを、しっくいの代わりにアスファルトを用いた。彼らは、「さあ、天まで届く塔のある町を建て、有名になろう。そして、全地に散らされることのないようにしよう」と言った。

主は降って来て、人の子らが建てた、塔のあるこの町を見て、言われた。「彼らは一つの民で、皆一つの言葉を話しているから、このようなことをし始めたのだ。これでは、彼らが何を企てても、妨げることはできない。我々は降って行って、直ちに彼らの言葉を混乱させ、互いの言葉が聞き分けられぬようにしてしまおう。」

主は彼らをそこから全地に散らされたので、彼らはこの町の建設をやめた。こういうわけで、この町の名はバベルと呼ばれた。主がそこで全地の言葉を混乱（バラル）させ、また、主がそこから彼らを全地に散らされたからである。

この神話が奇妙に見えること自体が、われわれが「バベル以後」の人間だということの証拠なのでしょうか。しかし、われわれの実感として、「世界」がかつて「一つの言葉」に覆われていたことなど、とても想像できません。言語の起源はどんなかたちでも再現も証明もできないことでしょうが、どこかひとつの場所で一回限りのできごととして言語が発生したとは、ぼくにはとても思えません。言語はヒトの進化の途上で、いくつもの場所で何度も別個に発生し、それぞれの自然環境に住みこむ人間集団において別個に育ち、はじめからたくさんあったのではないか。「世界」は、はじめから多言語空間だった。これはあるいはぼくの偏見かもしれませんが、この偏見の方が正しくないとは、どうしても思えないのです（あるいはたとえ言語の発生が一回かぎりのことであっても、ヒトの生態学的放散がはじまればほどなく、互いに通じない言語群が各地に生じると考えられないとは）。

そもそも、このバベルの人々が「有名になろう」と決意するのは、かれら以外の異質な集団の存在を意識してのことだったはずです。そして「全地に散らされることのないようにしよう」とは、かれらの単一性、統一性が否定されることを、かれらがはじめから恐れていたということでしょう。すなわち、かれらは自分たちが唯一の人間集団ではなく、当然かれらの言語は唯一の言語ではないことを、はじめから知っていた。そして自分たちの統一性が弱いからこそ、それを象徴的にとりまとめるための「塔」の建造を企てたと考えるべきでしょう。それは自分たちにとっても、自分たちの周囲にとっても、かれらの威信と、ひとつの集団として生きてゆくという意志をしめすためのものでした。それはかれらのナショナリズムでした。

そこに神さまが、ようすを見るために天から降りてきます。神さまの発言の内容を考えてみると、かれらが「何を企てても妨げることができない」という部分が重要です。これはこの塔の建造だけをいっているわけではなく、かれらが集団としての統一された意志をもつこと自体を否定している。つまり神である自分以外の何かの名において「1」という単位を作ることを、この神は許さない。神自身を根拠としないナショナリズムを認めない。それにしてもこの神はこの言葉を、誰にむかって何語で語ったと考えればいいのでしょうか。「何語か」という部分には、それは人間の自然言語ではなく、別のレベルにある言語で、それを人間はどうにかして理解し書き留めたのだと考えておけばいいのかもしれません。形式上、この発言は完全なひとりごとです。しかし実際の意図においては、「彼ら」と呼ばれているのは「おまえたち」であり、ただし神である私から「おまえたち」と呼びかけられる資格のない人間たちだということになります。神がみずからを「われわれ」と呼ぶことの意味についてはよくわかりませんが（後のヨーロッパ諸語では君主がみずからを「われわれ」と呼びました）、宗教学者やヘブライ語学者にたずねるなら、その複数形の習慣的な使用について教えてくれることでしょう。

ともかくこうして、神は「1」への志向性をあらわにし「有名になろう」つまり他の集団に対して威信をしめそうとするその集団を地表に散らし、かれらの言語をいくつもの互いに通じない言葉の群れへと砕きました。混乱を与えた。そしてこの混乱を、ユダヤ＝キリスト教の伝統ではずっと人類の災厄だと考えてきたのです。それに対して、いやそうではないその混乱はよいことだったのだとはっきりといったのが、批評家のジョージ・スタイナーでした。

ぼくも言語の多様性・多数性を、無条件によいことだった、そして守るべきことだと考えています。いや、よいことだったというか、それはヒトという種が地球上のこれだけ多様な自然条件の中に拡散し生き延びるための、絶対条件だったと思います。あらゆる言語は、その言語を使う人々の居住環境との関係を築くために、語彙をふやし洗練させてきた。自然の事物、自然現象、動植物の名前などのすさまじい多様性は、それぞれの場所での生存の試みの、痕跡にほかならない。ところがこの視点から、先ほどのバベルの神話をふりかえると、また少しちがった角度の像が見えてきます。町を築こうとした人々は、東の方からこの平野に移動してきた人々だという。そのかれらが町を作り定着しようとする。石という自然物の代わりに、煉瓦という、製造にあたってひとつ余分な手間のかかる素材を準備しようとする。煉瓦の最大の利点は、おなじかたちのものをいくらでも作れることにあります。だからこそ高い塔を作れるわけです。すると神は結局、人々の平野への定着の意志を否定し、町を作ることすなわち都市計画を否定し、都市計画を支配する単一言語が他の（すでにはじめから存在する）諸言語を消してゆく可能性を否定したのではないかと思えてきます。すると神は、少なくともこの段階で、人間の言語と居住環境の多様性を支持していたということにさえなるのかもしれません。

以上は『旧約聖書』のこの小さな一節を、宗教的にではなく文学的に読む、ささやかな試みでした。文学的な読みとは要するに、その物語が現実の写しであろうが、あるいは何らかのたとえ話であろうが、そうしたレベルの差自体を自由に選べるという意味です。あるいはそうした複数の可能性を、同時に意識しつつ読むということです。そこに事実を読む考古学者の読み方や、教訓を読む神学者の読み方といったちがいのみならず、そこに悲しみを読み取るかよろこびを読み取るか自体が、読者にゆだねられている。文学的な読みとは、そうした解釈の水準そのものの設定が、読み手にまかされている場合をいいます。

ところであらゆる話は、物語は、解釈を、翻訳を必要としています。解釈とはその物語に内在する論理を読者がうけとり、それを延長し、さらにその先を語ろうとする試みでしょう。するとそれが、われわれが共有している「世界」のイメージに、まるで岩の割れ目に水がしみこみそこに植物が根を伸ばしてゆくようにして、分け入ってゆく。すると岩は割れ、われわれにとっての世界は別の姿をしたものとなってゆく。世界（すなわち「世界」という共通の了解）の変貌は、つねに解釈あるいは翻訳によってはたされ、われわれは解釈あるいは翻訳によって、はじめてほんとうに自由を手に入れるのだと思います。

誰の心にとっても、未来のための最大の資源は過去です。私たちは過去に経験したさまざまなことを、「あれはどういうことだったのかなあ」とくりかえし自分に語り、自分にむかって問いながら、生きている。経験は物語化され、たぶんありのままの現実の過去とはどんどん離れ、それでもときおり生々しくよみがえりながら、私たちにつきまとう。言語とイメージの複合体としての世界を、われわれは物語と比喩によって了解しながら生きています。物語はその本性上、つねに書き換えを要求するので、新たな経験に出会うたび、われわれはその経験を物語化するとともに、これまでの自分の物語の総体を見直しています。解釈という操作は、次々に現れる新たな物語そのものが、われわれに要求しているのです。外からやってきた新たな小さな物語は、われわれの内部に住みついた物語の塊の中に、自分自身の巣穴を掘ろうとする。その小さな動物に居場所を与えてやるために、われわれはそれまで使っていた記号体系に、少しだけ変更を加える。

結局、未知（知らないものごと）が既知（すでに知っているものごと）に組み込まれるときに、必ず、避けがたく起きているのが翻訳だ、といってもいいのかもしれません。ところがこの流れに逆らうかのように、単語の中にも、翻訳を拒むものがありま す。固有名詞のことではありません。普通名詞ではあるけれども、生活の中の情感にあまりに深くむすびついているがゆえに、翻訳すなわち他の言語に置き換えては、その意味が失われてしまうような言葉。別の生活や文脈や言語にもちこまれても、異質性をいつまでも保ちつづける言葉。その端的な例として、パンの名をあげておきましょう。

マサチューセッツ州の田舎町というと、ジャック・ケルアックの出身地であるローウェルを思い出す人も多いかもしれません。子供のころ、カリブ海の民話の主人公とおなじく「チ＝ジャン」（小さなジャン）と呼ばれ、父親とは終生フランス語で会話し、今年（二〇〇七年）出版五十周年をむかえた代表作『オン・ザ・ロード』の初期草稿すらフランス語で書いていたというケルアックは、ローウェルに住み着いたフランス

259　ドイツ語のBrod、英語のbread、フランス語のpain、イタリア語のpane。そしてアラビア語ではkhoubz

語系カナダ人コミュニティの子でした。ケルアックという姓はブルターニュのものです。一方、ここで取り上げたいのはジェイン・ブロックスというエッセイストです。シリア系の祖父母をもつ、マサチューセッツの農家の娘。彼女にとって町というとローレンス、ケルアックのローウェルのすぐそばにある、やはりマサチューセッツ内陸部の田舎町です。ここも多くの移民たちが、十九世紀後半から二十世紀はじめにかけて、おそらくボストンを経由して流入してきた地域でした。"Bread"と題された彼女の短い、みごとなエッセーを読んでみることにしましょう。パンが主題です（Jane Brox, "Bread", in Kitchen and Jones, eds., *In Brief*, Norton, 1999)。

ドイツ語のBrod、英語のbread、フランス語のpain、イタリア語のpane。そしてアラビア語ではkhoubz。パンはどんな家庭でも食事の中心であり、ときにはそれだけが食事でした。世紀の変わり目、つまりいまから百年ほどまえのローレンスでは、話されている言語の数とおなじだけの種類のパンがあったのだ、とまず彼女はいいます。それはその通りでしょう。パン生地にオリーヴ油を混ぜたもの。キャラウェイやバターや干しぶどうを混ぜたもの。かたちも、丸かったり、スリッパ型だったり。編み模様をつけたり、平らだったり。あるいは上の面に刻み目をつけたり、何かの種をぱらぱらとふりかけたり。あるいは皮をやわらかくするためにミルクを塗ったり、光沢を与えるために卵白を塗ったり。なるほど、たしかに小麦粉とイーストと水と塩でできている以上は「パン」と総称していいのですが、人々の誰も「パーネ」と「クブツ」がおなじものだとは思っていなかった。ドイツ系の地区、アイルランド系、イタリア系、フレンチ・カナディアン、レバノン系、移民たちそれぞれの地区ごとに独特なパンの香りがたちこめていた。それが「あの町にいけば仕事がある」という当てにならない噂のままに、この町に流れ着いてきた人たちの、生活の中心にある匂いでした。

このエッセーのあざやかさは、たとえばこんな一文に現れます。「シリア系のパン屋では、火は白熱するほど熱くなくてはならなかった。平らなローフにポケットを作らせるためだ。ニューイングランドの二次林をくべられる、薪のオーヴンでは、近郊の農家をたくさん合わせた以上の薪が燃やされたにちがいない」。ついで文章は農家の子供たちにとって一月がどんなに寒かったかを語り、パン屋さんが十分な高温に達したオーヴンによってちゃんと中の空気がふくらみポケットのできたパンで、オリーヴや、チーズや、焼いた羊の肉を巻いてゆくところを語る。この種の文章の躍動感は、思いがけない細部の指摘と大胆な省略によって生まれるものですが、このあたりの呼吸はほんとうにみごとです。

こうした二十世紀はじめの町の様子は、ジェイン・ブロックスが祖母から聞いた話だったはずです。やがて一九六〇年代、パン屋の燃料はガスや電気になり、ドウをこねるのも機械になり、移民の子供たちは言語を英語に切り替え、それぞれのエスニック・グループのパンはアイリッシュ・ソーダとかジューイッシュ・ライといった形容詞をつけて呼ばれるようになる。ところがその中に、シリア系の彼女たちがけっして別の名前で呼ぶことがない、つまり翻訳されない、二種類のパンがあります。その名前はシムシムとザータール。これがこのエッセーの核心です。以下、結末までを訳してみることにします。

シムシムとはセサミ（胡麻）を意味し、これはすぐに大好きになる甘いパンのこと。胡麻がふりかけてあり、薔薇水で味と香りをつけた砂糖のシロップに浸してある。おだやかで心を落ち着かせてくれるその香りは、口をかぐわしく甘くさせ、両手と唇をべたべたと汚す。シロップがお皿に溜まる。

ザータールのほうにはハゼノキの実が載っている。その乾燥した赤い実を細かく砕き、オリーヴ油、タイム、オレガノと混ぜてある。パン屋さんがそれを包んだ白い紙には油染みができて、パンの上のスパイス類と乾燥したハーブは焦げて黒くなっている。良い土のように黒く、土の味がする。ハゼノキ、タイム、そしてオレガノ――他の料理だったら少しずつしか使わないものが、ザータールにはふんだんに使われる。ひとつの強い香りがもうひとつの強い香りの上に置かれ、酸味に苦みが混じり、油は両者をむすびつけながら、それを消してしまうことはない。油はイーストそのものよりも強い香りがして、空気にはパンが焼き上がってからもしばらくのあいだその匂いが立ちこめる。私たちの家族にはその粗野な味を好まない者はいなかったが、ザータールの味は好きになるまでに時間がかかり、この谷間ではそれがアラビア語の範囲を超えて遠くまで旅しているとは思えない。アラビア語が話されるのは死者のためのミサ、そして老人たちのあいだの会話だけ。子供の私たちがわずかな単語を使うとき、私たちの声は小さい。

私たちは何の味付けもしていないシリア風のパンを食事のためにとっておき、シムシムとザータールはいつもおかあさんがパン屋から戻るとすぐに食べるのだった。母はそれをどちらも薄く切ってくれて、私たちは台所に立ったまま、カウンターにもたれかかって、まずシムシムを、ついでザータールを食べ、ぴりっと舌を刺すザータールを、ついで舌をなだめてくれるシムシムを食べ、ひとつの味を味わいながら心はもう次の味を考えていて、切ったパンはどんどんなくなっていった。私は、最後の一切れをどちらで終えようかと、いつもいつも迷うのだった。一方はほとんど甘すぎるくらい、もう一方はあまりに刺激が強すぎて、そしてどちらも翻訳することはできない。

この一節を引いたのは、こうした細部にこそ、異質な人たちの心の、文章による以外接近しようのない心の領域が、はっきりと表れると思うからです。それは文章がフィクションであるかノンフィクションであるかにも関係がない。書き手という「個人」が、彼女の属している「共同体」とのあいだにむすぶ関係が、こんな風にはっきりと、まったくの他人である者にまでうかがえるようになるのは、文章による以外ありません。ここでまた、人が言語、そして言語の定着＝固定形態である「文」とのあいだにむすぶ、両義的な関係が浮上してきます。文を書くとき、人はたぶんつねに二重の要請にしたがっている。それは自分自身の同一性を言語的に補強するとともに、同時に同一性を作り替えようとしているということです。そして文は、この二重の相反する磁力を帯びたまま、読者に手渡され、作者の心の動きの痕跡が、読者により延長される。一方の読者もまた、あらゆる正解と誤解の可能性のあいだで、作者の位置をつきとめ、同時に自分自身の同一性を補強したり作り替えたりする。

いずれにせよたしかなのは、こうして文章が手渡されるとき、それはつねに解釈と翻訳を求めているということです。こういってもいいでしょう。すべての文章は、読まれたくてたまらないのだと思います。作者の意図とはまったく無関係に、そこに投げ出された文章そのものが、読まれたがっている。解釈してよ、といっている。翻訳してください、と頼んでいる。そしてそれが、現実には出会うことすらない遠い人々が「世界をどのように想像しているか」をもっともパワフルに教え、それをわれわれ自身が現在いだいているような世界の想像にとっての、脱出のための扉として提供してくれる。

文学とはつねに解放であり、現在から未来に通じる通路として掘られた、希望にみちた穴の役割をはたすのだと、ぼくは思うようになっています。

声の花と眠る書物。ある野原で。広く波打ってつづく野原にたくさんの花が咲いている。花の名はわからないが、それはポピーのように背が高く、高さはまちまちで、オレンジ色から黄色へのさまざまな段階の色があり、単色のものもあれば花の縁取りだけ色が濃くなっているものもわずかにある。

手を伸ばしてそれに触れた。細長い花びらが中心から放射状に出ているタイプの花。細長い花びらは黄色なのだが、縁取りはオレンジ色をとおりこして、ほとんど深紅(しんく)に近い。そんな花が風にゆれている、ゆれている。花のすぐ脇には、すでに花の段階を終えてまるい薄緑色の球になっているものが、花よりもさらに少し高いくらいの水準（地面から30センチあまり）で点々とつらなっている。それはちょうどタンポポの花に対する綿帽子(わたぼうし)の関係だということはすぐにわかるが、半透明だと思えるほど淡い薄緑色の、ほおずきの皮をさらに薄くした軽い軽い紙風船のようなテクスチャーが、とてもみごとなものだと思える。野原を、風が吹く中を、この薄緑の小さな丸い紙風船がぽつんぽつんとみたしている。

この小さな紙風船にさわってみる。ほとんど力を加えたとも思えないのに、直径25ミリくらいの緑の球が、たちまちそれを支える茎から離れて、ふわりと浮かびだした。浮かぶと、かすかに炭酸水のようなしゅわしゅわという音がする。それから声を出さずに「ぱ」といって唇を離したときのような、空気の破裂音が聞こえる。緑の小さな紙風船をそれぞれの茎から解放してゆくと（とても簡単だ、かれらはとても鋭敏で、わずかにでも刺激を感じるとみずから空に飛び立つ、きっとそうしたくてたまらないのだろう）紙風船たちはそっと浮かんだまま、ぶつかりあったり、よりそったりして、まるでお互いにつぶやきとささやきで会話を交わしているように思える。

花の名は知らなくても、こうして見るとそれが「声の花」であることは明らかで、その音は人の言葉ではないが、何かそこでは意味の交換がおこなわれているにちがいない、という気がしてくる。そして改めて気がつくと、すでにこのかなりの広さのある野原いちめんの声の花から、緑の紙風船が空中に送り出され、さわしゅわさわしゅわさわしゅわしゅわと音を立て、ぱ・ぱ・ぱ・ぱと破裂音を出して人の注意を引き、そこは徹底的にしずかなのに同時に耳をよくすませばとてもにぎやかな場所となっている。小さな紙風船の群れはもう人間の背丈よりも高く上昇し、いくつかは風に乗ってはるかな高みへと飛ばされていった。その緑色のおかげで、太陽の光がいつもより濃く黄色く見えて、風景は信じがたいほど美しく思えるのだった。

大学生のころにそんな夢を見て、自分ではそれを「声の花の夢」と呼んできた。分析的に考えるなら、それはまちがいなく図書館の夢なのだろう。つまり、野原に咲く花は、ひとつひとつが一冊の本だ。その本のあいまを自分が歩いてゆくのだが、手をふれないかぎり、本の内容は解放されない。手をふれ、それをきっかけに、本を構成する言葉は浮遊状態に移行する。すると浮遊する言葉たちは、互いに言葉を交わし、集まったり離れたりしながら、また勝手に空へと逃れてゆく。かれらの言葉は自分にとってはしばしば理解不能だ。そして空とは、いわば種々の「知識」とそれを語る「言葉」たちの絶対的な層で、自分は地上からそこを眺めているだけ。何か美しさを感じてはいるのだ、たしかに。この野は異様な光でみたされている。だが自分がやっていることはといえば、結局はただ本に手をふれ、言葉を浮遊させ、言葉たちの群れを作り、またその群れによって置き去りにされるのをじっと傍観し、耐えているだけ。

文学専攻の学生にとっての悪夢は、「本が読めない」という夢だ。外国語専攻の学生にとっての悪夢は、「話されている言葉が理解できない」という夢だ。ぼくの「声の花の夢」は、その両者の統合的なヴァリエーションでありながら、妙に明るく、あきらめ気分にみちている。学生時代には、授業に出る時間よりも書庫で過ごす時間のほうが長かった。そのことは起きているあいだは絶望と憂鬱の源泉だったが、眠りの中でなぜか、気持ちのいい野原に姿を変えてくれたのだった。いつかこんな花が、とそのころの友人に話したことがあった。羊に姿を変えて、その群れを自分がボーダーコリーのように把握している時が来たなら、そのときにはぼくも何かの分野の専門家になっているということかもしれない。だがそれからすでに二十五年が過ぎたというのに、ぼくはまだ一度も「牧羊犬の夢」を見たことがない。

本は無限にある。もちろん「ほんとうの無限」ではないが、ひとりの人間の短いライフサイクルにとっては、「事実上の無限」だ。その「無限」の中から、蜜と花粉をたんねんに集めるミツバチのように、自分のための本を部屋に集めてくる。それは本読みの生活とはいえないが、本読み志望の人間のありふれたパターンではある。食事を抜き汚い格好をし旅行や遊びごとをすべて断念してでも本を買うということがあたりまえだった学生にとっては、やがて本が生活空間の大部分を占拠することは避けられない。読んだ本、読まなかった本。買った本、もらった本。読むつもりの本、読むつもりもない本。いい本、くだらない本。読もうと思えば読める本、読もうと思っても読めない本。そうしたすべてが大同団結、呉越同舟（ごえつどうしゅう）、法王選びのコンクラーベ。この狭い部屋に集っている。

本という一見おさまりのいい格好をしているから、まだいい。しかしじつは自分の部屋という牢獄を、それぞれに個別の意味内容をもった文字の群れが埋めつくしているのだと思うと、よく発狂せずにいられるものだと他人事のように感心したくなる。「本が私に代わって考えてくれる」あるいは「本のページで私は夢想する」といった感慨を書きつけた人は古来いくらでもいたはずだが、それで精神の均衡を失わないというだけで、そうした言葉を口にする人の強靭さがわかる。ぼくは怪しい。いまこうして自分の周囲に、どれだけの潜在する「意味」と「イメージ」が群れつどい凶暴な騒乱を準備しているかと思うと、安眠できなくなってあたりまえ。たぶんその怯えに対抗するために、ぼくの無意識は必死になって、「声の花の夢」を考えだしたのだろう。ほら、本は花なんだよ。ふれてやれば言葉が浮遊するだろう。かれらは逃げてゆくさ、もちろん。でもそれでいいんだよ。本の内容は手に入るものじゃない、手元に留めておけるものではないんだ。ただその風景を、その光を、その風だけを、よく覚えておけばそれでいい。夢は対抗のための退行。そして目覚めると、部屋の乱雑さと狭苦しさは、まるで変わっていない。

こういう態度で生きてきたのだから、本に関しては、無駄遣いもおびただしい。二〇〇七年の大晦日、いまは老母がひとりで暮らす古い家の、物置をかたづけていて、見たくなかったものに直面した。そこにあることは知っていた。忘れようとしていた。いちばん奥の壁際に置かれ、その手前がすべて物で埋まっているため、出す機会がないままにここまで来てしまったのだ。一九八七年から、二十年間眠りつづけた段ボール箱が、十数箱。どれもぎっしり、英語とフランス語のペーパーバックがつまっている。一箱に六十冊入っているとして、やはり千冊は超えているだろう。数える気もしない。新本で買ったものも、古本で買ったものもある。日本で買ったものも、いくつかの外国で買ったものもある。文学、社会科学、ポピュラーサイエンス、いろいろ。そしてすべてが自分の二十代半ばまでの夢の残骸だ。なんというタイムマシン！　これを読もう、知ろう、考えよう、覚えよう、語ろう。どれもそんな気持ちにかられて、いつも切羽詰まって買っていたにちがいないのに、大部分はページを開くこともなく眠り、ついで箱の中で眠りにつかされ、どんな犬よりも忠実に、ずっとぼくを待っていたのだ。この地上で可能な唯一の読者を、これらのモノが。もちろん、すべてが複製された一部である本としては、それぞれの作品は別にぼくをまったく必要としていない。作品にとって、ぼくは別に歴史的読者ではない。しかし作品の複製品であるこの、ここにある、具体的な一冊一冊の本にとっては、ぼくは現実的にいって唯一の読者であり、ぼくが読まなければそれはただのゴミなのだ。

まったく傷んでいない。外気にふれていないので、酸化して焼けた状態になっているのは、ごく一部だ（英語のペーパーバックの表紙裏がなぜかひどい）。フランス語の本は、たとえばガリマール社のポエジー叢書などは、たしかに少し変色してはいるものの、まだまだ白くてきれい。この「白」が本棚に並んでいるようすが、学生のころは大好きだった。でもそれは、綴じの糊が非常に悪くて、いまそれを開くとまたたくまに背割れし、バラバラになる。アポリネールくん、エリュアールくん、こんにちは、しばらくだったね。あ、ツァラくん、ごめん、きみの背中を蟬のように割ってしまった。それはまったく、学生時代の友人に再会した気分そのものだ。

一九八七年に奨学金を得てハワイ大学の大学院（人類学科）に留学するにあたって、ぼくは基本的に日本語の本はすべて処分した。売れるものはすべて売った。高校から大学にかけて愛読した「林達夫著作集」も「中島敦全集」も「植草甚一スクラップブック」も手放した。古書店では値段もつけてもらえない外国語のペーパーバックだけが残り、それを箱詰めにして物置にしまい、それから結局十数年、日本に戻らなかった。その結果が、かれらの眠りだった。本に申し訳なくて、つい擬人法で語るのを許してください。擬人法は罪悪感に生まれるという説を、ぼくは唱えたい。こうしてニューイヤーズ・イヴをどっぷりと沈んだ気持ちで、机の上に出してみた数十冊を次々に拾い読みして過ごしたのだが、年が明けてみるとその気分も不思議に晴れてまた希望が湧いてきたのだから、カレンダーの力はすごい。

大晦日の暗さ、それは「過去のある時点で自分が望んだ未来がいかにわずかにしか果たされていないか」という事実をつきつけられたことで生まれた、悔恨だ。ディドロもバルザックもマルローもプルーストも、おやおやこんなに持っているのに、結局まるで読んでいない。でも元旦の明るさ、それは迷いから突然に覚めた明るさだ。過去の自分との約束は果たせなかった、それは認めよう。でもそれはただ無謀な夢想にふけっていただけで、これからはずっと現実的な目標を立てて、少しずつこなしていけばいい。そのための資源が、ほら、こんなに手元にあるんだから。もう体裁を気にしていられるだけの時間は、自分には残されていない。一歩ずつ進めば、それでいい。

文学研究の看板を掲げても、ぼくのようにその底辺にして周辺部に位置する者には、そもそもそんなにたくさんの本を読む力がない、なかった。教えるために、書くために、そのつど必要な本をあれこれ手に取るけれど、そうした職業的な流れを離れて「さあ、読書!」という感じで読める本は、たぶん月に三、四冊。この点ではまったく他の職業についている人たちの場合と、別に変わらない。最近読んで大変おもしろかった本に、イギリスの小説家ニック・ホーンビーの『完全版・多音節語大パーティー』(Nick Hornby, *The Complete Polysyllabic Spree*, Penguin Books, 2006) がある。ひとことでいって、買書リストつきの読書日記。この人気作家はそんなに本を買うわけではなくて(典型的には月に三冊から五冊、たぶん音楽にずっとお金を遣う人だろう)、毎月三冊からせいぜい十冊くらいの本を読む（彼が読む本と買った本は必ずしも重ならない）。けれどもそこは第一線の作家、読めばそれを引き金として湧いてくる言葉はいくらでもあって、二〇〇三年九月から二〇〇六年六月までの毎月の日記が、省察とユーモアにあふれた楽しい読み物になっている。

これもぼくがむかしから思っていることのひとつなのだが、作家という存在は、本質的にスローな読者である場合が多いのではないだろうか。評論家はある程度、量で勝負する必要がある。したがって、たくさん読む。しかし作家は、ともかく文を書けなければどうにもならない。そして文章が書けるようになるためには、大量の材料をうまく料理できないままにテーブルに出すよりは、むしろ限られた材料を細心に扱えるほうがずっと大事で、その技を学ぶには鋭い観察者となる必要があるのだ。こんな風に考えてみたらどうだろう。「百冊の本を一度ずつ読むのは、評論家の読み方。作家は、十冊の本をどれも十回読む」のだと。つまりそうしなければ見えない層、単なる「内容」や「情報」に還元できない部分に、文章の秘密があるということだ。

ホーンビーのすばらしい読書日記については、みなさんの楽しみを奪わないよう、これ以上は何もいいません。そして最後に、彼の買書リストに倣って、「もう本はいらないなあ」という境地に達したにもかかわらず、今年になってからぼくの机にやってきた本の群れを記しておこう。そう、あいかわらずの雪崩、洪水の日々。まったく何をやってるんだか、といいたくなるが、これも心がやみくもに何か（何ともしれない何か）を求めていることの反映なんだろう。

ここにはネット書店・古書店に注文したもの（時には到着までに二、三ヶ月がかかっている）、市街地の書店・古書店でその場で買ったもの、人からもらったもの（うれしい、うれしい）の、すべてが入っている。雑誌やムックは含まない、ただし展覧会カタログは含む。オーディオ・ブック（朗読のＣＤ）も書物として数えた（そうしない理由があるだろうか?・）。おなじ本をすでにもっていて、二冊目、三冊目というものもときどき（サリンジャーとかマリリン・ロビンソンとか若島正訳『ロリータ』とか）。必要なときに本が見つからないことが多いから、やむをえなかった。そして置き場所がどんどんなくなるので、この春休みにはまたかなりの本を売却することになるだろう。こうして心の spree が続く。そしてきょうも本に手をふれ、ページを開くたび、あの小さな緑色の紙風船がふわりと飛びたち、朗らかな、でもちょっとあざ笑うような声を立てて、遠くすみきった青空へと逃げ去ってゆくのだ。

二〇〇八年一月の到来本リスト

1. Federico García Lorca, *Selected Poems*（Penguin Classics） 2. Tennessee Williams, *In the Winter of Cities*（New Directions） 3. Nick Hornby, *The Complete Polysyllabic Spree*（Penguin） 4. Samuel

Beckett, *The Unnamable*, read by Sean Barrett（Naxos Audio Books） 5. Claire Tomalin, ed., *Poems of Thomas Hardy*（Penguin） 6. Niall Ferguson, *Empire*（Penguin） 7. Philip Ball, *The Elements: A Very Short Introduction*（Oxford） 8. プレマック夫妻『心の発生と進化』（鈴木光太郎訳、新曜社） 9. 吉本光宏『イメージの帝国／映画の終り』（以文社） 10. Zoë Wicomb, *Playing in the Light*（The New Press） 11. Zoë Wicomb, *You can't get lost in Cape Town*（The Feminist Press） 12. Zoë Wicomb, *David's Story*（The Feminist Press） 13. Salman Rushdie, *Shalimar the Clown*（Random House） 14. Salman Rushdie, *The Moor's Last Sigh*（Vintage） 15. Michael Reder, ed., *Conversations with Salman Rushdie*（U of Mississippi P） 16. August Wilson, *Two Trains Running*（TCG） 17. August Wilson, *Seven Guitars*（TCG） 18. Edouard Glissant, *Monsieur Toussaint*（Rienner） 19. Victor Duran ed., *An Anthology of Belizean Literature*（UPA） 20. Dino Buzzati, *The Tartar Steppe*（Canongate） 21. Dino Buzzati, *The Bear's Famous Invasion of Sicily*（HarperTrophy） 22. Jacques Derrida, *On Cosmopolitanism and Forgiveness*（Routledge） 23. Alisdair Gray, *Lanark*（Canongate） 24. Augenbraum and Stavans, eds., *Lengua Fresca*（Mariner Books） 25. Ari Marcopoulos, *Even the President of the United States Sometimes Has Got to Stand Naked*（JRP Ringier） 26. Houston Baker, Jr., *Rap and the Academy*（U of Chicago Press） 27. Houston Baker, Jr., *Singers of Daybreak*（Howard UP） 28. ゲーリー・スナイダー『惑星の未来を想像する者たちへ』（山里勝己、田中泰賢、赤嶺玲子訳、山と溪谷社） 29. ＤＢＣピエール『ヴァ

ーノン・ゴッド・リトル』（都甲幸治訳、ヴィレッジブックス） 30. Egmond and Mason, *The Mammoth and the Mouse*（Johns Hopkins UP） 31. Humphrey Carpenter, *A Serious Character*（Delta） 32. Houston Baker, Jr., *Long Black Song*（U of Virginia P） 33. 渡辺利雄『講義・アメリカ文学史　第1巻』（研究社） 34. 吉増剛造『わが悪魔祓い』（青土社） 35. 田嶋謙三、神田リエ『森と人間』（朝日新聞社） 36. ホイットマン『おれにはアメリカの歌声が聴こえる』（飯野友幸訳、光文社古典新訳文庫） 37. 福島富士男『アフリカ文学読みはじめ』（スリーエーネットワーク） 38. 桜庭一樹『赤朽葉家の伝説』（東京創元社） 39. 桜庭一樹『私の男』（文藝春秋） 40. 桜庭一樹『少女には向かない職業』（創元推理文庫） 41. 山川偉也『哲学者ディオゲネス』（講談社学術文庫） 42. 湯川秀樹『目に見えないもの』（講談社学術文庫） 43. 田所清克、伊藤奈希砂『ブラジルポルトガル語手紙の書き方』（国際語学社） 44. 山田善郎（監修）『中級スペイン文法』（白水社） 45. Anim-Addo & Scafe, eds., *I am Black/White/Yellow: An Introduction to the Black Body in Europe*（Mango Publishing） 46. Rainer Maria Rilke, *New Poems*（Northwestern UP） 47. J.M.Coetzee, *Inner Workings*（Viking） 48. Vikas Swarup, *Q & A*（Black Swan） 49. 間村俊一『鶴の鬱』（角川書店） 50. Philippe Sollers, *Un vrai roman: Mémoires*（Plon） 51. Guillaume Apollinaire, *Poèmes à Lou*（Poésie/Gallimard） 52. Guillaume Apollinaire, *Le Guetteur mélancolique*（Poésie/Gallimard） 53. Antonin Artaud, *Pour en finir avec le jugement de dieu*（Poésie/Gallimard） 54. Léon-Paul Fargue, *Poésies*

（Poésie/Gallimard） 55. Clarence Major, ed., *Black Slang*（Routledge & Kegan Paul） 56. Christopher Horrocks, *Baudrillard and the Millennium*（Icon Books/Totem Books） 57. William Irvine, *On Desire*（Oxford） 58. Nouvet et al. eds., *Minima Memoria: In the Wake of Jean-François Lyotard*（Stanford） 59. J.D.Salinger, *For Esme—With Love and Squalor*（Penguin） 60. 佐々木喜善『遠野のザシキワラシとオシラサマ』（中公文庫） 61. 針山孝彦『生き物たちの情報戦略』（化学同人） 62. 伊藤弥住子『NYヒップホップ・ドリーム』（シンコーミュージック） 63. Marjane Satrapi, *Persepolis*（L'Association） 64. Etienne Wolff, *Les mots latins du français*（Belin） 65. Irène Nouailhac, *Le pluriel de bric-à-brac*（Point） 66. Rémi Bertrand, *Un bouquin n'est pas un livre*（Point） 67. Marc Lachiéze-Rey, *Cosmologie*（De Vive Voix） 68. Claude Jaupart, *Volcans*（De Vive Voix） 69. Jean-Louis Biget, *La grande peste noire*（De Vive Voix） 70. Jean Giono, *L'homme qui plantait des arbres*（Folio Cadet） 71. ウラジーミル・ナボコフ『ロリータ』（若島正訳、新潮文庫） 72. 水木しげる『ほんまにオレはアホやろか』（新潮文庫） 73. 伊藤章治『ジャガイモの世界史』（中公新書） 74. 菊池良生『ハプスブルク帝国の情報メディア革命』（集英社新書） 75. 田口ランディ『キュア』（朝日新聞社） 76. Robert Fine, *Cosmopolitanism*（Routledge） 77. John Carey, ed., *The Faber Book of Science*（Faber & Faber） 78.『パラオ——ふたつの人生　鬼才・中島敦と日本のゴーギャン・土方久功展』（世田谷美術館） 79. 中島敦『弟子　自筆原稿覆刻』（県立神奈川近代文学館） 80.『Muttoni ムットー

ニのからくり書物』（世田谷文学館）81. John Carey ed., *The Faber Books of Utopias*（Faber & Faber）82. J.M. Coetzee, *Stranger Shores*（Penguin）83. Stephen Morton, *Salman Rushdie*（Palgrave）84. 千住博『美術の核心』（文春新書）85. 佐々木孝次『文字と見かけの国』（太陽出版）86. Lisa Nakamura, *Digitizing Space*（U of Minnesota P）87. Lisa Nakamura, *Cybertypes*（Routledge）88. August Wilson, *Jitney*（TCG）89. Forman and Neil, eds., *That's the Joint*（Routledge）90. 桜庭一樹『桜庭一樹読書日記』（東京創元社）91. フリオ・リャマサーレス『黄色い雨』（木村榮一訳、ヴィレッジブックス）92. マリオ・バルガス＝リョサ『楽園への道』（田村さと子訳、河出書房新社）93. フリオ・コルタサル『愛しのグレンダ』（野谷文昭訳、岩波書店）94. D.H. Lawrence, *Complete Poems*（Penguin）95. H.D., *Hermetic Definition*（New Directions）96. Paul Alfred Barton, *Rap, Rhyme and Rhythm*（1st Books）97. Frank Hoffmann, *Rythm & Blues, Rap, and Hip-hop*（Checkmark Books）98. Onwuchekwa Jemie, ed., *Yo'Mama!*（Temple UP）99. Marilynne Robinson, *Housekeeping*（Picador）100. Nelson George, *Hiphop America*（Penguin）101. 桜庭一樹『砂糖菓子の弾丸は撃ちぬけない』（富士見書房）102. Zadie Smith ed., *The Book of Other People*（Penguin）103. エアハルト・ベーレンツ『5分で楽しむ数学50話』（岩波書店）104. ガブリエル・ウォーカー『大気の海』（早川書房）

本の島々にむかって。「なるほどわたしは、いくらか読書をした人間ではあるが、全然記憶する力のない人間なのだ」（モンテーニュ「書物について」荒木昭太郎訳）。その言葉を読んで、思わずふきだしながら、そうかきみはミシェルぼくも負けないぞ、と思う。

だが読書の〈内容〉が水だとすれば、ひとつの脳＝ダムにあまり多くの水を溜めていいことなんて、ない。水はよどみ、やがてダムは決壊する。そもそも容量が小さいのだから。あるいはダム湖にブラックバスみたいな獰猛な外来魚（その名は理念？）が繁殖し、もともと棲んでいた少数のネイティヴな小魚（子供時代の読書と経験から得られた小さな結晶や形象たち）なんか食いつくされてしまう。

水はどんどん海という共有場にむかって流れてゆけばいい。あるいは蒸発し、雲になればいい。流量を誇ったり人のそれと比べたりするのはまったくばかばかしい。われわれの関心は、流れる水によりどんなふうに岸辺の地形や植生が変わり、その周囲にどんな新しい調和と生命が生まれるか、にある。水が刻一刻と作り替える環境を、生きた相で捉え、それを水系そのもの（つまり〈私〉としばしば呼ばれるこの生きたまとまり）の生存のために役立てること。水系自体が潑溂と生きている状態を保つためには、当然、山から海にいたる流れの全プロセスにおいて、流域の岩や土、フローラとファウナのすべてに対する、関心と気遣いが必要になってくる。

書物の森が水源だとしたら、そこから賢く、自分にほんとうに必要なだけの、水をもらうことにしよう。ゆきつく先が海だとしたら、そこにささやかな、ありあわせの素材で作った小舟を浮かべてみよう。驚くべきことに、ぼくらはこの小舟に乗って、はてしなく広がる大洋へと出発することができるのだ。そして大洋にはたくさんの本の島が点在し、島にさしかかるたび、古いともだちや知らない島人たちが、海岸から手を振ってくれる。

その希望に支えられて、ぼくらはこの土地で、この都市で、生きている、生きてゆく。読書の目的は内容の記憶ではない。そのときその場で本との接合面に生じた一回きりのよろこびを、これからやってくる未来の別のよろこび（読書によるものとはかぎらない、生のいろいろな局面でのよろこび）へとつなげてゆくことだ。

最後に、本書をひとりの友人の霊にささげることを許してください。津田新吾（1959―2009）。「本の島」を構想し、その実現にむけてレンズ磨きのような努力を重ねた、心意気にあふれた編集者だった。本と、島と、海と、森を愛していた。文学と人文諸学の分野で、いい本をたくさん作った。動物ではジュゴンにみずからをなぞらえた。霊魂の実在を信じるわけではないが、ある種の言語的パターンを〈魂〉と呼ぶなら、それは人の死後も確実に残る。その魂にむかって呼びかけるなら、ほら、ちゃんと答えが返ってくる。また新しい島を探そう。

I am a fragment, and this is a fragment of me.
——Ralph Waldo Emerson

本を書き写すことをめぐる三つの態度について
（文庫版あとがきに代えて）

あるところに三人のティーンエイジャーがいて、おなじ一冊の本に魅入られてしまった。本は薄っぺらい文庫本で、小説とも詩とも随想とも伝記ともつかない作品だったが、その文体は簡潔で率直、その思いがけない比喩にはどきっとさせられ、その全体の意味はだれにもよくわからないのだった。三人はお互いを知らなかったが、それぞれに誓いを立てていた。その本を書き写すということだ。

最初のティーンエイジャーは、本を何度でもそっくり書き写そうと誓った。

二人めのティーンエイジャーは、本を書き写しながら自分の考えを加えてゆこうと誓った。

三人めのティーンエイジャーは、本を書き写しながら余分なものを削ぎ落とすことにすると誓った。

二十年あまりがすぎてティーンエイジャーたちは四十歳を迎えた。

かれらの誓いの対象である元の本はすでにぼろぼろで崩壊寸前だったが、みんないまでもそれを大切にもっていた。そして自分たちの二十年間のノートも、古いものから新しいものへと、かなりの数がそれぞれの本棚の一角に並ぶようになっていた。

最初の元ティーンエイジャーは、もう二十回以上、あの本の全文を正確に書き写していた。文字は金釘流(かなくぎ)ではあったが、誤字があったらホワイトで消して、ていねいに書き直した。

二人めの元ティーンエイジャーは、書き直すたびに注釈というか枝のような根のような文を書き加えていったので、作品はどんどん長くなった。作品はある段階で『モビー・ディック』を超え『魔の山』を超えた。いつかはプルーストに匹敵する長さに育つかもしれない。

三人めの元ティーンエイジャーは、書き直すたびに本質には関係ないと思われる修辞を削っていった。もともと長い作品ではなかったが、二十年あまりのあいだにどんどん短くなり、三百行ほどの詩のような作品に姿を変えていた。ゆっくり音読しても三十分ほどしかかからないし、それなら文字に頼る必要もなく、今ではほとんどまちがえずに頭からいえる。

かれらは、自分とその本との関わりを、だれにも話さなかった。
この話は寓話ではありません。

三つの態度については以上でおしまい。でもぼくが知っているのは、かれらと同い年の四人めのこと。この人もおなじ本を愛し、いつも手元に置いているばかりか、別の付き合い方を実践していた。それは文字をできるだけ美しく書くこと。作品を構成するひとつひとつの文字を、一枚一枚の半紙に筆を使って書く。するとたとえば四万字の作品だったら、すべてを写し終えたときには四万枚の紙の山に置き換えられているわけ。想像してごらん。これはたしかに結構な量だ。四人めの元ティーンエイジャーは、休日の朝がくるたび墨をすり、半紙を広げて、一文字ずつ書いていった。休日の山歩きのように。何を思っていたのかはわからない。紙の、書の、造山運動。「それはいったいどういう本なの？」と人に訊かれるたび、にっこり笑って肩をすくめ、黙ってまた筆を動かすのだった。
この話も寓話ではありません。

（巻頭引用文の翻訳）

毎晩７冊の本を２ページずつ読むってわけだな。
ジェイムズ・ジョイス『ユリシーズ』

書く者がいて、また一方に読む者がいたのだといったところで、それが
何だというのだろう？　その底の、とても深いところでは、
両者はおなじ存在であり、かれらにはいつだって
それがわかっていた。
J・M・G・ル・クレジオ『テーラ・アマータ』

解説　本は読む人の中に流れている

柴崎友香

この本を、何のきっかけで知り、なぜ買ったのか、覚えていない。二〇一五年夏のトークイベントでおすすめの本として話したのははっきりと記憶にあるし、読んだのはその直前ではなくもう少し前だった。

きっかけは覚えていないが、そこに至るまでの絡みあった道みたいなものがあってこの本に出会い、手に取ったのだと、その実感だけはなぜか強くあり、本を開いて読み始めてみると、なぜそうなのかよくわかる。本と本はつながっているからだ。

最初のほうですでに、こんなことが書かれている。

「ところが、ああ、われわれの記憶力ほどあてにならないものもない。読書という、記憶がすべてである領域さえ、その土台は鯰の背に乗ったようにぐらぐらと揺れてやまない」

『本は読めないものだから心配するな』がどういう本かと考えたとき、まず思い浮かぶのは、途切れないことだ。

一つ一つ、別の場所に書かれた文章だし、開いて確かめれば、そこには数行のブランクがあって次の話へと切り替わっているのだが、読んでいるときはそんな感じはしない。ある話を読んでいるうちに、いつのまにか別の話に移っていて、本を閉じてから読んだことを思い出そうとしたとき、いっそうその感覚が強くなる。

この本を初めて開いた人がまず気づくことは、左側の上部にページごとに違う言葉が書かれていることだろう。

それはその開いたところの右のページか左のページのどこかにある言葉だ。どこかにある言葉、であって、タイトルやテーマみたいなものではない。

ずいぶん前、文学者を題材にしたアメリカの映画を見たとき、物語や映画の全体としてはおもしろく受け取ったのだが、文学の扱われかたがしっくりこなかった。久しぶりに再会した師弟関係にある二人が、いつか学んだ本の中にある名文を言い合い、そのやりとりによって文学への思いをあらたにするという部分だ。そんなふうに短く抜き出される言葉は、確かに印象的で、含蓄があって口にすると少し賢くなった気がしたりもする。確かに「名言」だ。だけど、そうしたクイズのようなやりとりをすることは、本を読むことからは関係のないことのように、遠ざかっていくことのように、わたしには思えた。

今は、携帯電話の小さい画面で文字を読む機会が増え、簡単にそこに文字を記して流すことが容易になっていて、そうした短い「名言」を引用することが好まれる（わたしも、そういった印象のつよい一文に、気軽にいいねを押す。押す、ほどの力もいらない。静電気でそれは可能になる）。むしろ引用のための、引用であることすら忘れる一文。それらの文言は、「隙間時間」と呼ばれたりする、人の都合、それも自分以外の誰かやシステムに切り刻まれて限られた時間の中で効率よく伝達される。そこに収まる短い文章の連なりすら読むのが面倒で、「まとめ」られたりもする。至るところに、わかりやすいだけの、人目を引くための言葉が溢れている。

本を読むことは、そうではない時間のほうへ入っていくことではないか。

この本も、引用はしている。むしろ、引用部分の多い本である。しかしそこに引かれた文章は、切り離されたものではない。それが生み出され表されてきた場所への導線であり、思考のための動力としてある。

そうして、多くの導線が張り巡らされ、と書きかけて、違う、と思う。そんなふうに最初から効果を狙って用意されたのではない、知らない道を歩いてきて景色が見えてくるような、日々の生活の中でふとずいぶん前のことがわかるような、進み方だ（今、考えていて急に、予め用意されるものは「伏線」ではないのではないか、と思った。こんなことを思いついたのも、この本を読んでいるからだ。そこに書いているのではないことを思いつくのはいい本だと、わたしは思う)。

左のページの上にある言葉は、だから、ひと言でまとまっていなくて、途中だったり、森の中を歩くときの、町を散歩するときの、ちょっとした目印のようなもので、目にとまったら、そこから入っていけるし、覚えておくこともできる。

どこかのページをぱっと開いて、その目印に引かれて読んでいくと、不思議に今自分が思ったことと呼応するような文章に出会う。

「一方、文章には瞬間はありえない。言葉が流れの中、持続のうちに展開するものである以上、それは当然だ」

これは、写真家の森山大道が書いた『犬の記憶』に関する文章で、わたしがさっき考えていたこととはまた別なのだけど、まったく別でもなくてどこかでつながっている。

そう思ったところで、今度はこんな言葉をわたしは読む。

「こうしてぼくにとって、世界のすべての書店はおなじひとつの書店の一部であり、ぼくはどんな本屋にでも行く」

わたしは、本を読むとき、付箋を貼りながら読む。下半分が透明になっている細い付箋で、9色がセットになっているので、それを適当に選びながらくっつけていく

（今数えてみて9色だと初めて知った。9。色のセットとしてはあんまりない数字だ）。『本は読めないものだから心配するな』の上の部分からもいくつもの付箋が飛び出ている。しばらくぶりに手に取ったこの本の、赤や青の目印がついたそこを読んでみる。

確かにここに自分は付箋を貼っただろう、と思う箇所もあれば、その時間の自分はこういうことが気になっていたのだと思い出させてくれる箇所もあり、そしてその前後の目にとまった言葉からまた読み始めてしまう。入口がそこかしこに開いている本なのだと思う。

もちろんこの本には、本のことだけが書かれているわけではない。言語、映画、歴史、旅、写真、翻訳……。

ある本から別の本が、映画からどこかの風景が、想起され、記憶から浮かび上がり、いくつものことが流れ込むように、揺れ動きながら、読む人をどこかへ運んでいく。本の話であると同時に、場所の話であり、時の話であり、記憶や人の話でもあって、人が本を読むときには言葉は、何層もの光景を含んで、そこにある。

以前、奥泉光さんと夏目漱石について対談したとき、奥泉さんは、小説はタイトルを読んだだけでももう読んでいる、そして、最後まで読んでも読み終わらない、と話していた。本棚に並んだ背表紙を見ているだけでも、読んでいる、と。

わたしたちは、常に読んでいて、読むことの中にいる。

「本に「冊」という単位はない。とりあえず、これを読書の原則の第一条とする。本は物質的に完結したふりをしているが、だまされるな」

「ところで、映画は忘れる。どうしても。でも本も忘れる。忘れれば忘れるほど、見直すたび読み直すたびに新鮮なんだから、それでいいじゃないか。それは負け惜しみ。あまりに忘れるから絶望的な気分になる。だが覚えている部分もちゃんとあるのだから、ある映画をたしかにあるときには見たし、ある本をあるときにはたしかに読んだわけだ」

アニエス・ヴァルダの「5時から7時までのクレオ」(に映っていること、で起こること)について書いたあとに、

「たぶん、以上のような流れで大きなまちがいはないと思うのだが、やっぱりあまり自信はない」

と、書いてあって、わたしはこの不確かさを信頼する。

わたしの部屋には、たくさんの本がある。壁のあるところは全部本棚だし、その本棚は前後二列に詰めてあるし、床にも積み上がっている。四十代も後半になり、全部は読めないいんだろうな、という気持ちが少しずつ大きくなってきた。もちろん、そん

なことは最初からわかっていた。この部屋にある本は、本の中のごくごく一部に過ぎないし、圧倒されるような大型書店も、巨大な迷宮のような図書館でさえも、本の全体の一部で、人が読むことができるのはその欠片(かけら)の欠片のさらにほんの点のようなものかもしれない。

　これは矢印を一方向に考えているからだった。点から欠片へ、本棚へ、歴史を積み重ねた図書館へ、その向こうへ、つながっていくとも言える。

　本は数え切れないほどすでにあり、それでも／だから、わたしたちは、本を読もうとする。買ったり、借りたり、手放したのにまた買ったりして、ページを開く。開けば、そこにある言葉を読む。ほとんど自動的に。

「ぼくにとっては本はつねに流れの中にあり、すべての本はこの机に一時滞在するにすぎず、何らかの痕跡を残して、必ず去ってゆく」

　この本の痕跡は、わたしの中にあり、別の本の中で見つけることもあり、次第に他のたくさんの痕跡と重なり合っていく。

初出一覧

本は読めないものだから心配するな（「Diatxt.」5号、2001年）／猿子眠の日々（カフェ・クレオール、1999年）／書店という共和国（「本の旅人」2001年6月号）／はじめての旅、路上のいくつものはじまり（「Z-kan」4号、2001年）／未来の氷河への速達（「デジャヴュ・ビス」13号、1998年）／ヒトの輪郭がさだまったところを思い出して（「Diatxt.」7号、2002年）／詩はいつもそこにある（明治大学「思索の樹海」2003年）／書評・工藤庸子『ヨーロッパ文明批判序説』（「d/SIGN」7号、2003年）／流星の道につづく（「Diatxt.」8号、2003年）／歩く犬の記憶 森山大道（「Coyote」1号、2004年）／心を語る指（「UP」2004年3月号）／XENOGLOSSIA（「ユリイカ」特集・多和田葉子、2004年12月臨時増刊号）／書評・上野清士『南のポリティカ』（「すばる」2005年2月号）／Relevance の接ぎ木（「文學界」2005年12月号）／潮を打つように本を読みたい（「白水社新書カタログ2006」）／珊瑚礁とフィクション（「図書」2006年2月号）／本の虫日記（「論座」2006年10月号）／惑星の波（「Border-lands+」4号、2006年10月）／ラグーンと干潟、海辺の王国（「Coyote」15号、2006年12月）／多言語が踊り出す（「ひたち」2007年春号）／バーケンヘッドいつまでも（「言語」2007年5月号）／『隣のアボリジニ』の隣へ（「ユリイカ」2007年6月号）／読書日録（「すばる」2007年7、8、9月号）／風と肌（「Nature Interface」35号、2007年9月）／書評・越川芳明『ギターを抱いた渡り鳥』（「現代詩手帖」2007年11月号）／教養と生存（「書物復権」2007年パンフレット）／落穂＝グラフィティ（「グラヌール」10号、2008年）／遠い島の火口湖で（「日本経済新聞」2008年5月18日）／タンガタ・マヌの歌声、港のボッサ（港大尋『声とギター』ライナーノーツ、2008年）／動物説教、狼と犬、そして犬の教え（「水声通信」24号、２００８年５／６月）／書評・細川周平『遠きにありてつくるもの』（「出版ダイジェスト」51号、２００８年６月）／書評・よしもとばなな『サウスポイント』（「新潮」２００８年８月号）／名と名の落差に立ち上がる「はじまり」（「アフンルパル通信 ex.」２００８年）／アコマ、空の村（「本」２００８年10月号）／ものしずかにたたずむ人（時事通信配信、２００８年）／ファヴェーラの光（「ネオトロピカリア」展カタログ、２００８年）／重力がほどかれるとき（「思想」２００８年12月号）／亡びてもいい、けれども（「ユリイカ」２００９年２月号）／翻訳＝世界＝文学（早稲田大学英文学会での講演、２００７年）／「声の花」と眠る書物（「diatxt.」山口版、２００８年）

※本書は、二〇〇九年十月に左右社から刊行された書籍を文庫化したものです。

読書からはじまる　長田弘
自分のために、次世代のために――。「本を読む」意味をいまだからこそ考えたい。人間の世界への愛に溢れた珠玉の読書エッセイ！（池澤春菜）

詩歌の待ち伏せ　北村薫
〝本の達人〟による折々に出会った詩歌との出会いが生んだ名エッセイ。これまでに刊行されていた3冊を合本した〈決定版〉。（佐藤夕子）

味見したい本　木村衣有子
読むだけで目の前に料理や酒が現れるかのような食の本についてのエッセイ。古川緑波や武田百合子の食卓。居酒屋やコーヒーの本も。帯文＝高野秀行

寝ころび読書の旅に出た　椎名誠
いつか探検隊に入るのだ！と心躍らせた小学生時代から現在までに読んだ、冒険譚、旅行記、科学もの、SFまで。著者の原点となる読書エッセイ。

遠い朝の本たち　須賀敦子
一人の少女が成長する過程で出会い、愛しんだ文学作品の数々を、記憶に深く残る人びとの想い出とともに描くエッセイ。（末盛千枝子）

わたしの小さな古本屋　田中美穂
会社を辞めた日、古本屋になることを決めた。倉敷の空気、古書がつなぐ人の縁、店の生きものたち……。女性店主が綴る蟲文庫の日々。（早川義夫）

新版 熱い読書 冷たい読書　辻原登
文字ある限り、何ものにも妨げられず貪欲に読み込み、現出する博覧強記・変幻自在の小宇宙。第67回毎日出版文化賞書評賞受賞作。（刈谷政則）

本屋、はじめました 増補版　辻山良雄
リブロ池袋本店のマネージャーだった著者が、自分の書店を開業するまでの全て。その後のことを文庫化にあたり書き下ろした。（若松英輔）

無限の本棚 増殖版　とみさわ昭仁
幼少より蒐集にとりつかれ、物欲を超えた〝エアコレクション〟の境地にまで辿りついた男が開陳する驚愕の蒐集論。伊集院光との対談を増補。

ぼくは本屋のおやじさん　早川義夫
22年間の書店としての苦労と、お客さんとの交流。どこにもありそうで、ない書店。30年来のロングセラー！（大槻ケンヂ）

ねにもつタイプ　岸本佐知子
何となく気になることにこだわる、ねにもつ。思索、奇想、妄想はばたく脳内ワールドをリズミカルな名短文でつづる。第23回講談社エッセイ賞受賞。

なんらかの事情　岸本佐知子
エッセイ？　妄想？　それとも短篇小説？　……モヤッとするのに心地よい！　翻訳家・岸本佐知子の頭の中を覗くような可笑しな世界へようこそ！（堀江敏幸）

ポケットに外国語を　黒田龍之助
言葉への異常な愛情で、外国語本来の面白さを伝えるエッセイ集。ついでに外国語学習が、もっと楽しくなるヒントもつまっている。（堀江敏幸）

世界のことば アイウエオ　黒田龍之助
世界一周、外国語の旅！　英語や日本語といった身近な言語からサーミ語、ゾンガ語まで、100のことばについて綴ったエッセイ集。（高野秀行）

世界奇食大全　増補版　杉岡幸徳
あらゆる物を味わう珍グルメ大全。ラクダのこぶ、土のスープ、サボテンから、甘口イチゴスパまで。ワラスボ、トド等8品を増補。（宮田珠己）

旅日記 ヨーロッパ二人三脚　高峰秀子
34歳の高峰秀子が自ら書き残していた、夫とふたり「一番大切にしていたヨーロッパの旅」のすべて。秘蔵写真を加え、文庫で登場。（斎藤明美）

消えた国 追われた人々　池内紀
カントが、ホフマンが、コペルニクスが愛した国はなぜ消えたのか？　戦禍によって失われた土地の記憶を追い求める名作紀行待望の文庫化。（川本三郎）

水辺にて　梨木香歩
川のにおい、風のそよぎ、木々や生き物の息づかい。カヤックで水辺に漕ぎ出すと見えてくる世界を、物語の予感いっぱいに語るエッセイ。（酒井秀夫）

増補 サバイバル！　服部文祥
岩魚を釣り、焚き火で調理し、月の下で眠る――。異能の登山家は極限の状況で何を考えるのか？　生きることを命がけで問う山岳ノンフィクション。

アンビエント・ドライヴァー　細野晴臣
はっぴいえんど、YMO……日本のポップシーンで様々な花を咲かせ続ける著者の進化し続ける自己省察。帯文＝小山田圭吾（テイ・トウワ）

旅の理不尽　宮田珠己

旅好きタマキングが、サラリーマン時代に休暇を使い果たして旅したアジア各地の脱力系体験記。鮮烈なデビュー作、待望の復刊！（蔵前仁一）

アジア沈殿旅日記　宮田珠己

旅に私の人生が飲み込まれることは、きっともうない。それでも私は旅をしたい――。中年に至り、休暇旅行で、ずぶずぶアジアに迷い込む。迷走紀行。

日本ぶらりぶらり　山下清

坊主頭に半ズボン、リュックを背負い日本各地の旅に出た〝裸の大将〟が見聞きするものは不思議なことばかり。スケッチ多数。（壽岳章子）

ヨーロッパぶらりぶらり　山下清

「パンツをはかない男の像はにが手」「人魚のおしりは人間か魚かわからない」。〝裸の大将〟の眼に映ったヨーロッパは？　細密画入り。（赤瀬川原平）

ひと皿の記憶　四方田犬彦

諸国を遍歴した著者が、記憶の果てにぼんやりと光るひと皿をたぐりよせ、追憶の味（あるいは、はたせなかった憧れの味）を語る。書き下ろしエッセイ。

モロッコ流謫　四方田犬彦

ボウルズ、バロウズ、ジュネ、石川三四郎……作家たちの運命を変えた地の魅力に迫る紀行エッセイ。第11回伊藤整文学賞、第16回講談社エッセイ賞受賞。

音楽放浪記　日本之巻　片山杜秀

山田耕筰、橋本國彦、伊福部昭、坂本龍一……。伝統と西洋近代の狭間で、日本の音楽家は何を考えたか？　稀代の評論家による傑作音楽評論。（井上章一）

音楽放浪記　世界之巻　片山杜秀

クラシック音楽を深く愉しみたいなら、歴史的な脈絡をつけて聴くべし！　古典から現代音楽を整理し、音楽の本質に迫る圧倒的な音楽評論。（三浦雅士）

増補　日本語が亡びるとき　水村美苗

明治以来豊かな近代文学を生み出してきた日本語が、いま、大きな岐路に立っている。我々にとって言語とは何なのか。第８回小林秀雄賞受賞作に大幅増補。

日本の村・海をひらいた人々　宮本常一

民俗学者宮本常一が、日本の山村と海、それぞれに暮らす人々の、生活の知恵と工夫をまとめた貴重な記録。フィールドワークの原点。（松山巖）

釜ヶ崎から　生田武志

失業した中高年、二十代の若者、DVに脅かされる母子――。野宿者支援に携わってきた著者が、「究極の貧困」を問う圧倒的なルポルタージュ。

隣のアボリジニ　上橋菜穂子

大自然の中で生きるイメージとは裏腹に、町で暮らすアボリジニもたくさんいる。そんな「隣人」アボリジニの素顔をいきいきと描く。（池上彰）

東京骨灰紀行　小沢信男

両国、谷中、千住……アスファルトの下、累々と埋もれる無数の骨灰をめぐり、忘れられた江戸・東京の記憶を掘り起こす鎮魂行。（黒川創）

アイヌの世界に生きる　茅辺かのう

アイヌの養母に育てられた開拓農民の子が大切に覚えてきた、言葉、暮らし。明治末から昭和の時代をアイヌの人々と生き抜いてきた軌跡。（本田優子）

南の島に雪が降る　加東大介

召集された俳優加東はニューギニアで死の淵をさまよう兵士たちを鼓舞するための劇団づくりを命じられる。感動の記録文学。（保阪正康・加藤晴之）

広島第二県女二年西組　関千枝子

8月6日、級友たちは勤労動員先で被爆した。突然に逝った39名それぞれの足跡をたどり、彼女らの生を鮮やかに切り取った鎮魂の書。（山中恒）

白い孤影　ヨコハマメリー　檀原照和

白の異装で港町に立ち続けた娼婦。老いるまで、そのスタイルを貫いた意味とは？　20年を超す取材をもとにメリーさん伝説の裏側に迫る！（都築響一）

ブルースだってただの唄　藤本和子

アメリカで黒人女性はどのように差別と闘い、生きてきたか。名翻訳者が女性達のもとへ出かけ、耳をすまして聞く。新たに一篇を増補。（斎藤真理子）

富岡日記　和田英

ついに世界遺産登録。明治政府の威信を懸けた官営模範器械製糸場たる富岡製糸場。その工女となった「武士の娘」の貴重な記録。（斎藤美奈子／今井幹夫）

証言集　関東大震災の直後　朝鮮人と日本人　西崎雅夫編

大震災の直後に多発した朝鮮人への暴行・殺害。芥川龍之介、竹久夢二、折口信夫ら文化人、子供や市井の人々が残した貴重な記録を集大成する。

こちらあみ子　今村夏子

あみ子の純粋な行動が周囲の人々を否応なく変えていく。第26回太宰治賞、第24回三島由紀夫賞受賞作。書き下ろし「チズさん」収録。（町田康／穂村弘）

さようなら、オレンジ　岩城けい

オーストラリアに流れ着いた難民サリマ。言葉も不自由な彼女が、新しい生活を切り拓いてゆく。第29回太宰治賞受賞・第150回芥川賞候補作。（小野正嗣）

沈黙博物館　小川洋子

「形見じゃ」老婆は言った。死の完結を阻止するために形見が盗まれる。死者が残した断片をめぐるやさしくスリリングな物語。（堀江敏幸）

虹色と幸運　柴崎友香

珠子、かおり、夏美。三〇代になった三人が、人に会い、おしゃべりし、いろいろ思う一年間。移りゆく季節の中で、日常の細部が輝く傑作。（江南亜美子）

聖女伝説　多和田葉子

少女は聖人を産むことなく自身が聖人となれるのか？　著者の代表作にして性と生と聖をめぐる少女小説の傑作がいま蘇る。書き下ろしの外伝を併録。

君は永遠にそいつらより若い　津村記久子

22歳処女。いや「女の童貞」と呼んでほしい――。日常の底に潜むうっすらとした悪意を独特の筆致で描く。第21回太宰治賞受賞作。（松浦理英子）

パスティス　中島京子

漱石も太宰もケストナーもベケットも鮮やかに変身！　珠玉のパスティーシュ小説集が「あとがき」という名の新作を加え待望の文庫化。（清水義範）

ピスタチオ　梨木香歩

棚（たな）がアフリカを訪れたのは本当に偶然だったのか。不思議な出来事の連鎖から、水と生命の壮大な物語「ピスタチオ」が生まれる。（管啓次郎）

おまじない　西加奈子

さまざまな人生の転機に思い悩む女性たちに、そっと寄り添ってくれる、珠玉の短編集、いよいよ文庫化！　巻末に長濱ねると著者の特別対談を収録。

春原さんのリコーダー　東直子

シンプルな言葉ながら一筋縄ではいかない独特な世界観の東直子デビュー歌集。刊行時の栞文や、花山周子による評論、川上弘美との対談も収録。

ラピスラズリ　山尾悠子
言葉の海が紡ぎだす、〈冬眠者〉と人形と、春の目覚めの物語。不世出の幻想小説家が20年の沈黙を破り発表した連作長篇。補筆改訂版。（千野帽子）

増補 夢の遠近法　山尾悠子
「誰かが私に言ったのだ／世界は言葉でできていると」。誰も夢見たことのない世界が、ここではじめて言葉になった。新たに二篇を加えた増補決定版。

オーランドー　ヴァージニア・ウルフ　杉山洋子訳
エリザベス女王お気に入りの美少年オーランドー、ある日目をさますと女になっていた――4世紀を駆ける万華鏡ファンタジー。（小谷真理）

フラナリー・オコナー全短篇（上）　フラナリー・オコナー　横山貞子訳
キリスト教を下敷きに、残酷さとユーモアのまじりあう独特の世界を描いた第一短篇集『善人はなかなかいない』を収録。個人全訳。（蜂飼耳）

フラナリー・オコナー全短篇（下）　フラナリー・オコナー　横山貞子訳
短篇の名手、F・オコナーの個人訳による全短篇。死後刊行の第二短篇集『すべて上昇するものは一点に集まる』と年譜、文庫版あとがきを収録。

アサイラム・ピース　アンナ・カヴァン　山田和子訳
出口なしの閉塞感と絶対の孤独、謎と不条理に満ちた世界を先鋭的スタイルで描き、作家アンナ・カヴァンの誕生を告げた最初の傑作。（皆川博子）

氷　アンナ・カヴァン　山田和子訳
氷が全世界を覆いつくそうとしていた。私は少女の行方を必死に探し求める。恐ろしくも美しい終末のヴィジョンで読者を魅了した伝説的名作。

ダブリンの人びと　ジェイムズ・ジョイス　米本義孝訳
20世紀初頭、ダブリンに住む市民の平凡な日常をリアリズムに徹した手法で描いた短篇小説集。リズミカルで斬新な新訳。各章の関連地図と詳しい解説付。

素粒子　ミシェル・ウエルベック　野崎歓訳
人類の孤独の極北にゆらめく絶望的な愛――二人の異父兄弟の人生をたどり、希薄で怠惰な現代の一面を描き上げた、鬼才ウエルベックの衝撃作。

地図と領土　ミシェル・ウエルベック　野崎歓訳
孤独な天才芸術家ジェドは、世捨て人作家ウエルベックと出会い友情を育むが、作家は何者かに惨殺される――。最高傑作と名高いゴンクール賞受賞作。

ちくま文庫

本は読めないものだから心配するな

二〇二一年九月十日　第一刷発行
二〇二四年九月二十日　第六刷発行

著　者　管啓次郎（すが・けいじろう）
発行者　増田健史
発行所　株式会社　筑摩書房
東京都台東区蔵前二―五―三　〒一一一―八七五五
電話番号　〇三―五六八七―二六〇一（代表）
装幀者　安野光雅
印刷所　三松堂印刷株式会社
製本所　三松堂印刷株式会社

ISBN978-4-480-43766-2　C0195